电子商务物流配送实务

主　编　张惠莹　张　蕾
副主编　滕凤英　冯文静

北京理工大学出版社
BEIJING INSTITUTE OF TECHNOLOGY PRESS

版权专有　侵权必究

图书在版编目（CIP）数据

电子商务物流配送实务 / 张惠莹，张蕾主编. —北京：北京理工大学出版社，2020.5
ISBN 978 – 7 – 5682 – 8470 – 7

Ⅰ. ①电… Ⅱ. ①张…②张… Ⅲ. ①电子商务 – 物资配送 Ⅳ. ①F713.365.1

中国版本图书馆 CIP 数据核字（2020）第 084165 号

出版发行 / 北京理工大学出版社有限责任公司
社　　址 / 北京市海淀区中关村南大街 5 号
邮　　编 / 100081
电　　话 / (010) 68914775（总编室）
　　　　　 (010) 82562903（教材售后服务热线）
　　　　　 (010) 68948351（其他图书服务热线）
网　　址 / http：//www.bitpress.com.cn
经　　销 / 全国各地新华书店
印　　刷 / 三河市华骏印务包装有限公司
开　　本 / 787 毫米 × 1092 毫米　1/16
印　　张 / 9.5　　　　　　　　　　　　　　　　　　　　责任编辑 / 张海丽
字　　数 / 208 千字　　　　　　　　　　　　　　　　　　文案编辑 / 毛慧佳
版　　次 / 2020 年 5 月第 1 版　2020 年 5 月第 1 次印刷　　责任校对 / 刘亚男
定　　价 / 35.00 元　　　　　　　　　　　　　　　　　　责任印制 / 王美丽

图书出现印装质量问题，请拨打售后服务热线，本社负责调换

前言

随着互联网技术的广泛应用，我国电子商务也得到迅速发展，电子商务给人们带来一次史无前例的产业革命。在推动企业经营模式变革的同时，电子商务也深刻地影响了现代物流企业的发展。作为支持商品网上商务活动的物流配送，已成为网上商务活动的一个关键因素。

本书以电子商务企业物流配送业务为核心，系统地介绍了电子商务企业进行有效物流配送的流程，探讨了电子商务与物流配送的关系，对电子商务的基础知识、电子商务企业物流模式、电子商务企业备货管理、电子商务企业物流配送中心主要业务操作及电子商务企业配送中心的运营管理进行了详尽论述，强调了电子商务环境下物流配送及管理的重要性。

本书紧密结合电子商务企业配送中心工作实际和特点，力求体现现代物流配送技术的管理与应用，以适应因电子商务飞速发展而对物流行业专业人才的需求。

本书采用项目化形式进行编写，围绕学习目标、任务目标、案例引入，按照培养学生掌握现代电子商务物流配送所需具备的专业知识和基本技能的原则，配备大量图表，与企业实际工作有机结合，为学生创造一个直观易懂并且可操作的学习环境。

本书由张惠莹、张蕾任主编，滕凤英、冯文静任副主编，张惠莹任主审。项目一由滕凤英编写；项目二、项目四由张蕾编写；项目三由张惠莹、张蕾编写；项目五由冯文静编写。

本书在编写过程中，参考和引用了许多书籍并借鉴了大量网上资源，同时，中国邮政集团公司吉林省寄递事业部云集项目组提供了大量的实际工作资料和建议，在此表示衷心的感谢。

由于编者水平有限，书中难免存在疏漏，若有不妥之处，敬请广大读者批评指正。

编 者

图书介绍

目录 Contents

- ▶ 项目一　电子商务认知 ……………………………………………………………（1）
  - 任务一　我国电子商务现状和发展趋势 ………………………………………（1）
  - 任务二　常用电子商务方式 ……………………………………………………（12）

- ▶ 项目二　电子商务企业物流模式 ………………………………………………（18）
  - 任务一　电子商务企业自营物流 ………………………………………………（18）
  - 任务二　电子商务企业联营物流 ………………………………………………（21）
  - 任务三　第三方物流 ……………………………………………………………（23）

- ▶ 项目三　电子商务企业备货管理 ………………………………………………（29）
  - 任务一　备货的含义及内容 ……………………………………………………（29）
  - 任务二　备货的基本功能及流程 ………………………………………………（32）

- ▶ 项目四　电子商务企业配送中心业务操作 ……………………………………（37）
  - 任务一　订单处理作业 …………………………………………………………（37）
  - 任务二　拣货作业 ………………………………………………………………（48）
  - 任务三　补货和盘点作业 ………………………………………………………（56）
  - 任务四　配送加工作业 …………………………………………………………（67）
  - 任务五　配装作业和送货作业 …………………………………………………（77）
  - 任务六　退货作业 ………………………………………………………………（100）

- ▶ 项目五　电子商务企业配送中心运营管理 ……………………………………（111）
  - 任务一　配送计划的制定与实施 ………………………………………………（111）
  - 任务二　配送管理信息系统 ……………………………………………………（118）
  - 任务三　配送成本控制与绩效分析 ……………………………………………（129）
  - 任务四　电子商务企业配送中心规划与设计 …………………………………（134）

- ▶ 参考文献 …………………………………………………………………………（146）

项目一

电子商务认知

学习目标

- 掌握我国电子商务现状及发展趋势。
- 理解并掌握常用的电子商务方式,并进行实训。

任务一 我国电子商务现状和发展趋势

任务目标

随着互联网的普及与发展,电子商务正势不可挡地改变着企业的经营方式、人们的消费方式以及政府机关的工作方式,并且将越来越深刻地影响整个社会的经济发展,给社会经济的各个方面带来巨大的变革。本任务旨在让学生掌握电子商务现状及发展趋势,为下一步学习奠定基础。

电子商务是互联网应用的一种产物,可以通过互联网实现查询、采购、产品介绍、广告、订购、电子支付等一系列网上商贸活动,即采用数字化电子方式进行商务数据交换和开展商务业务活动。电子商务涉及商务活动各方,包括商店、消费者、银行、信息公司、证券公司和政府等,利用计算机网络技术,全面实现在线交易电子化。

案例引入

电子商务:成也物流,败也物流

随着互联网、电子商务的迅速发展,政府和企业纷纷以不同形式介入电子商务活动。电子商务已经成为 21 世纪新的生产经营形态。电子商务在改变传统产业机构的同时,也不可避免地影响了现代物流业,两者之间的关系越来越密切。

时至今日，淘宝网（以下简称"淘宝"）、京东商城（以下简称"京东"）等国内电子商务巨头以提升自身用户体验的务实姿态，纷纷自建物流体系。物流作为电子商务最后一公里和最接近用户的界面，承载的不仅仅是一次购物体验，更放大了用户对电子商务品牌的认可程度。若没有物流，那么电子商务只能是一张空头支票。

那么，我国电子商务现状如何？我国的电子商务发展趋势和电子商务企业的机遇又是怎样的呢？

一、我国电子商务现状

通俗地讲，电子商务就是电子交易，主要指利用网络提供的通信手段在网上进行交易活动，包括通过互联网买卖产品和提供服务。这里的产品可以是实体化的（如汽车、计算机等），也可以是数字化的（如新闻、录像、软件等）。此外，电子商务还可以提供各类服务，如安排旅游、提供咨询等。电子商务不仅仅局限于在线买卖，它正在从生产到消费的各个方面影响着商务活动。

电子商务可以分为广义和狭义两种。广义的电子商务定义是指使用各种电子工具从事商务或活动，狭义的电子商务是指主要利用互联网从事商务或活动。无论是广义的还是狭义的电子商务的概念，电子商务都涵盖了两个方面：一是离不开互联网平台，若没有互联网络，就不存在电子商务；二是通过互联网完成的是一种商务活动。

随着互联网的普及，电子商务正朝着更广、更深的方向发展，并且逐渐呈现出一些新的特点：信息化、高效性、方便性、虚拟性、协作性。

（一）我国电子商务的发展

1. 我国电子商务的发展历程

我国电子商务发展经历了三个时期：1999—2005年，培育期；2005—2015年，创新期；2015—2019年，引领期。每个时期都是根据当时的技术条件而产生的特定生态和代表型企业，但是，很快又会随着新技术的出现而迅速改变。

第一阶段（培育期）：1999—2005年，适者生存。

互联网早期，没有固定的发展模式，每个创业者都认为自己的逻辑是正确的，早期的电子商务是以网站为基础的。

该阶段的核心技术是宽带网络、网站和搜索引擎，由国外引领，出现了大量新模式的电商企业，因为不知道未来的发展方向，所以当时每个企业的理念都不一样，各种模式层出不穷，有老牌零售企业搭起自己的官网就做电商的，如沃尔玛；也有门户网站做电商的，如雅虎、网易、亚马逊、eBay等。直营和平台型电商只是当时的一种模式而已。由于缺乏在线支付系统，因此，当时的电商处于野蛮生长阶段，很多电商平台只能线下交易，但由于当时的网民人数只有几千万，且学历在大专及以上的占80%，因此，当时的交易纠纷很少。

很少有人知道，中国最早做电商的其实不是阿里巴巴，而是8848，也是8848最早提出了线上线下融合理念的，在当时处于绝对优势地位。2000年，CNNIC数据显示，8848是中国工商业类网站被用户访问最多的网站，拥有最多的商业流量，然而，8848却因为一系列的战略失误，不到几年便消散于历史长河之中。其原因之一是8848的管理理念过于超前。

当时,电商的获客成本只有4元/人,远低于线下,线上线下融合的时机比后来的发展实际早了足足16年,这就是没有在对的时间做对的事。或许正如日本精工创始人服部金太郎所言:"企业家最重要的是比老百姓快一步,如果快十步,你的创业注定会失败。"8848失败的另一个原因是8848没有坚持电商零售的正确路线,而是分出资源做B2B,导致最终功亏一篑。

第二阶段(创新期):2005—2015年,胜者为王。

2005—2015年,网民规模快速增长,人口红利充分释放,我国电子商务的竞争在深度、广度和强度上持续升级,电商领域的资本、技术迎来全面创新。随着在线支付技术和物流信息技术的普及,电商服务业出现了,由电商交易服务、在线支付、物流等支撑服务业与衍生服务业构成了日益完善的电子商务生态系统。电子商务模式不断创新、渗透领域日益增多。创新期的典型企业如图1-1-1所示。

图1-1-1 创新期的典型企业

这是由在线支付技术和物流信息技术推动的阶段。在这一阶段,一些提供电商综合服务的创新企业开始崛起,典型的是淘宝、京东和苏宁云商(以下简称"苏宁")这些今天大家所熟知的电商企业。淘宝因为成功开发了支付宝,提供了支付服务和线上信用体系而迅速崛起。京东本来是一家线下企业,却很快转型线上,获得融资后,开发了一套高效的物流体系,保证了用户体验,迅速成长为电商零售巨头。苏宁也是线下电器零售商,2010年才开始转型电商,也是凭借线下完善的大件物流系统成功完成转型。得益于那十年的网民爆发潮,这些创新企业获得了成功,而转型慢或者缺乏足够创新意识的电商(如拍拍、有啊、凡客等),则迅速被淹没在这场竞争潮水中。京东与苏宁的销售额对比数据如图1-1-2所示。

电子商务物流配送实务

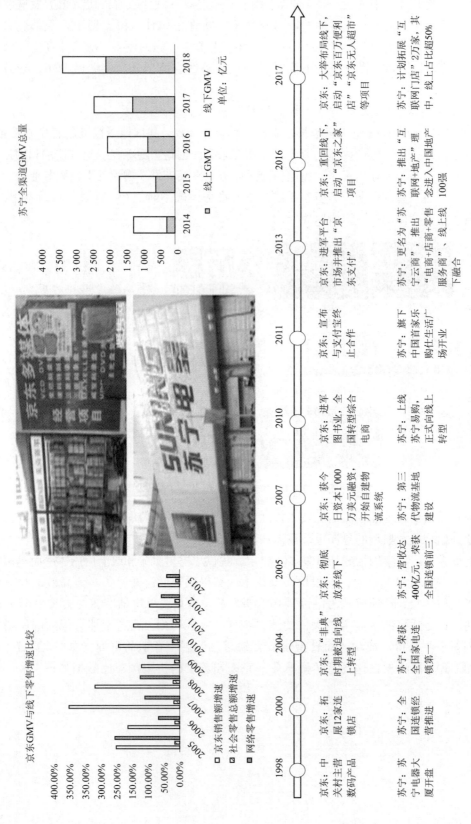

图 1-1-2 京东与苏宁的销售额对比数据

（GMV：Gross Merchandise Volume，成效总额）

第三阶段（引领期）：2015—2019年，后来者居上。

人们今天所熟知的主流电商，大部分产生于第二阶段。然而，现在的电商格局又有了新变化，其优势地位正在遭遇新业态的严重挑战。第三个阶段由智能手机、移动互联网、移动支付、二维码等技术革新推动。由于手机APP的普及，上网门槛降低，拥有大专及以上学历的网民占比下降到不足20%，互联网迅速平民化。随着算法推送技术的发展，新一代网民不再像老一代网民那样产生需求后就来到电商平台搜索，他们更希望也更容易被推送。年轻人越来越不爱使用搜索引擎。数据显示，19～29岁的年轻人搜索引擎使用率下降了15个百分点。内容电商、社交电商开始登上历史舞台，今日头条、抖音、微信这样的产品开始将大量娱乐、社交流量转化成购物流量，抖商、微商规模迅速崛起。我国电子商务20年的发展历程代表企业如图1-1-3所示。

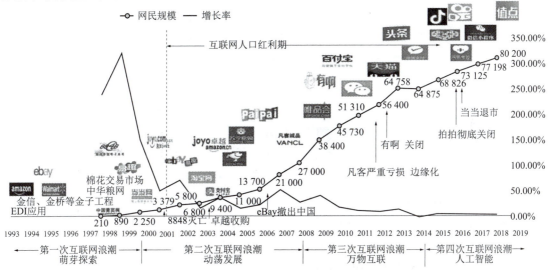

图1-1-3 我国电子商务20年的发展历程代表企业

2. 我国电子商务的发展特征

随着互联网技术的飞速发展，我国电子商务已走过了20年，经历了三个时期，每个时期都有其典型特征。我国电子商务20年发展的典型特征如图1-1-4所示。

	1999	2005	2015　　2019
典型特征	培育期 适者生存	创新期 胜者为王	引领期 后来者居上
发展定位	始于国外	走向全国	引领世界
受众规模	小范围高学历	全国普及	国际化
关键技术	宽带网络、搜索引擎	在线支付、物流配套	手机APP、二维码
产地集聚	零星分散	高度竞争	加速集聚
主流业态	网站电商	平台电商	内容电商
交易内容	网站为王	基于网站的扩展服务	多元化、生活化
资本作用	资本介入	资本参与	资本布局
政策导向	规范管理	积极推进	细化指导

图1-1-4 我国电子商务20年发展的典型特征

目前，我国电子商务发展有三大特征：第一，电子商务是创新驱动、创新引领的行业，具有高度的不稳定性和动态竞争性特征;第二,电子商务发展需要准确判断时机并把握时机,关键信息技术、典型商业模式只有与当下的互联网发展水平相契合,才能创造出成功的案例;第三,电子商务的跨界属性日益增强,随着线上线下融合,新兴业态的边界越发模糊,很难将目前的代表性电商企业或平台对应到某一个传统的业务模块中。

3. 我国电子商务发展的现状

电子商务作为数字经济的突出代表,在促消费、保增长、调结构、促转型等方面展现出前所未有的发展潜力,也为大众创业、万众创新提供了广阔的发展空间,成为我国应对经济下行趋势、驱动经济与社会创新发展的重要动力。近年来,我国电子商务持续快速发展,各种新业态不断涌现,在增强经济发展活力、提高资源配置效率、推动传统产业转型升级、开辟就业创业渠道等方面发挥了重要作用。我国电子商务的典型企业如图1-1-5所示。

图1-1-5 我国电子商务的典型企业

现在,内容与社交电商成为电子商务的主导,向农业、工业不断渗透,国际影响日渐增强。

内容电商正在实行流量与转化的新模式。今日头条无疑是这个时代的王者,截至2018年6月,今日头条APP的用户数量已达7亿,月用户时长超过20小时。"头条系"短视频类产品"抖音"日均播放量达10亿,月活跃量超3亿,日活跃量达1.5亿;"抖音"全球月活跃量超5亿。整个"头条系"视频的日均总播放量超过100亿次。内容电商模式如图1-1-6所示。

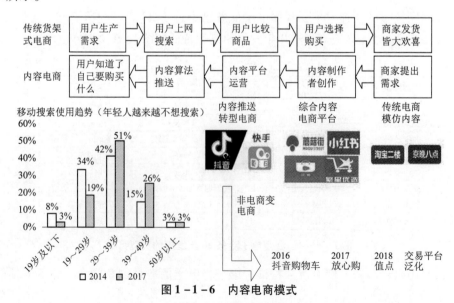

图1-1-6 内容电商模式

社交电商（以微信为代表）已形成镜面生态。2013 年，微信与财付通推出微信支付，不到 5 年，交易额从 1 000 亿迅速增长至 8.5 万亿；2018 年，微信支付已占支付市场份额的 45%。

互联网协会微商工作组的数据显示，截至 2018 年，社交电商规模已经超过 1.1 万亿。据推算，该统计应只纳入了微商。至于拼多多等企业，因为其社交拼团创意，在两年内迅速达到近 5 000 亿网站成交总额（GMV），而达到这个量级，传统电商却用了近 10 年。

以 eWTP（Electronic World Trade Platform）为典型代表，我国电子商务的全球化步伐也日益紧密，不仅在拓展国际市场、海外并购等方面发力，也为跨境电子商务的健康发展出台了切实有效的政策，营造了良好的商务环境。

与此同时，跨境电商领域也涌现出如敦煌网、执御、连连支付等优秀的跨境电子商务平台，不仅为我国的进出口贸易提供了新动能，也成为引领全球跨境电子商务发展的重要力量。

（1）电子商务已经成为国民经济增长的新引擎。

据前瞻产业研究院发布的《中国电子商务行业市场前瞻与投资战略规划分析报告》显示，2013 年，中国电子商务交易总额已突破 10 万亿元；2015 年，中国电子商务交易总额超 20 亿元；截至 2017 年，中国电子商务交易额达 29.16 万亿元，同比增长 11.7%。其中，商品、服务类电商交易额达 21.83 万亿元，同比增长 24.0%；合约类电商交易额达 7.33 万亿元，同比下降 28.7%。2018 年年底，中国电子商务交易总额达 31.63 万亿元，同比增长 8.5%。2013—2018 年中国电子商务交易总额统计及增长情况如图 1-1-7 所示。

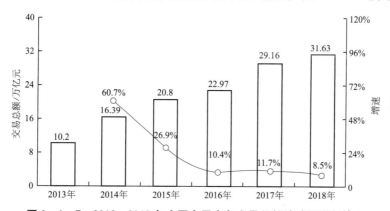

图 1-1-7　2013—2018 年中国电子商务交易总额统计及增长情况

（2）电子商务与实体经济的融合发展加速。

电子商务与实体经济的加速融合发展，带动了更多人从事电子商务相关工作。据电子商务交易技术国家工程实验室和中央财经大学中国互联网经济研究院测算：2018 年，中国电子商务从业人员达 4 700 万人，同比增长 10.6%。2014—2018 年中国电子商务从业人员统计及增长情况如图 1-1-8 所示。

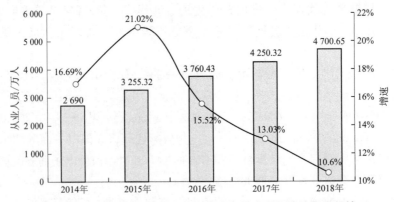

图 1-1-8　2014—2018 年中国电子商务从业人员统计及增长情况

（3）快递业务量持续增长。

电子商务快速发展，与之相配套的支撑体系有了长足进步，网络支付保持高速增长态势，快递业务量持续增长。国家邮政局数据显示，2018 年全国快递服务企业业务量累计达507.1 亿件。

（二）我国电子商务存在的问题

回顾发展历史可以看出，电子商务是一个兴衰变化很快，且还在不断提速的行业，具有高度不稳定性。成功的企业往往只是在对的时间正好做了对的事，没有一家企业能凭一个模式长期保持优势。若企业不创新或者创新速度过慢，则很快就会被淘汰。

随着流量成本的上涨，如今的行业基本与几年前又不一样，由于现在的互联网人口红利已经走入尾声，线上获客成本已经高于线下，因此，线上渠道不再具备明显优势，电子商务大举布局线下已成历史大势，传统电子商务企业纷纷向线下转型，提出线上线下融合的概念，唯恐转型太慢。例如，京东做了线下京东便利店，阿里巴巴做了线下盒马鲜生超市，线上品牌茵曼、妖精的口袋、三只松鼠等也纷纷走到线下开设门店。实践证明，优势从来只是相对的，对今天的优势企业来说，不知将来结局如何，但有一点可以肯定，企业若不创新，则将会很快消失在历史的尘埃中。

电子商务离不开高效、安全的物流行业发展。电子商务的交易达成之后，将商品快速、准确、安全地送到消费者手中也是电子商务人员和消费者关注的问题。随着电子商务的进一步推广与应用，物流供应链上各节点也随之发展。物流对电子商务活动的重要影响引起人们越来越多的重视。

二、我国电子商务的发展趋势及电子商务企业的机遇

（一）我国电子商务的发展趋势

1. 电子商务将成为数字经济发展的核心

2019 年上半年，我国实物商品网上零售额同比增长高达 21.6%，电子商务继续承担国民经济发展的强大原动力；同时，电子商务在壮大数字经济、共建"一带一路"、助力乡村振兴、带动创新创业等方面均发挥了积极作用。电子商务将成为数字经济发展的核心，对国民经济的发展贡献率将日益提高。

与此同时，电子商务立法、监管制度、市场秩序维护、平台治理等方面的与时俱进，为电子商务的健康发展提供了良好的政策环境支持，电子商务的治理环境也将日益完善。历经20年的繁荣兴替，我国电子商务企业面临着从高速发展到高质量发展的关键节点，其后浪必将更加磅礴。

2. 电子商务服务业服务模式将更加多元化

随着大数据、人工智能等新技术的创新发展和广泛应用，产业数字化加速推进将推动电商服务业效率不断提升，电子商务服务业服务模式更加多元化。物流和供应链、电子支付、信息技术、运维服务等诸多服务领域将进一步呈现加速发展态势，B2B领域将成为电子商务企业新的"主战场"。电子商务和技术服务提供商合作，将推进制造业、能源、教育、金融、环保、农业、交通、医疗、公共服务、研发服务等诸多行业数字化转型升级。电子商务服务提供商也将提升自身的数字化能力，提供创新的解决方案，快速融入行业变革中。

3. 跨境电子商务服务将进入增长快车道

2018年11月5日，习近平总书记在首届中国国际进口博览会上提到，中国将主动扩大进口，进一步降低关税，加快跨境电子商务等新业态新模式发展。11月21日，国务院常务会议决定延续和完善跨境电子商务零售进口政策并扩大适用范围，商务部将持续推动"丝路电商"国际合作，扩大与相关国家的经贸往来。在上述政策的推动下，跨境电商将迎来重大利好，进一步推进中国跨境电子商务服务业（尤其是进口跨境电子商务服务业）的迅猛发展。

4. 支付行业适应监管政策将加快业务拓展

2018年，中国人民银行等相关部门出台了一系列政策，加强电子支付行业监管，促进支付服务合规发展。随着行业监管力度趋严，第三方支付机构盈利模式发生较大变化。为应对此变化，第三方支付机构将调整战略。支付宝、财付通等领先企业不断创新金融产品，拓展零售端市场。一些中小型支付机构向垂直市场拓展基础业务，还有些收单机构通过加强建立商户基础以抢占市场份额，或者通过增强商户服务能力以拓展盈利点。

5. 线上线下融合趋势增强

电子商务发展将引领一系列新技术的发展，关键技术和商业模式将持续创新，大数据、区块链、人工智能、生物识别等关键技术将在电子商务领域应用推广，并进一步完善。电子商务规模化发展趋势明显，跨境电子交易获得快速发展，溢出效应将进一步扩大，与各产业深入融合，覆盖更多领域，线上线下融合的趋势将进一步增强。

（二）我国电子商务企业的机遇

1. 大数据成为电商发展的核心竞争力

大数据时代，电子商务企业需要对剧增的访问量、海量订单、集中的大量付款行为提供稳定的处理能力，且能够预测消费者潜在的购物需求。电子商务企业试用大数据的最终目的是对消费者购买商品前的购物期望产生影响，主要体现在实现渠道优化、精准营销信息推送、线上与线下营销的连接三方面。

2. 5G时代的到来驱动电子商务的新变革

5G技术的商业应用将为电子商务企业带来新的市场机遇，可以促进电子商务经营模式的迭代升级。5G 技术将使手机的便捷性大大提高，让越来越多的人通过移动端购物。移动端消费与 PC 端消费最大的不同在于其场景化和社交化的特质。在这种背景下，当前的电子商务企业或将面临新一轮洗牌，头部企业的优势未必能延续到 5G 时代。

3. 跨境电子商务企业迎来发展新机遇

近年来，跨境电子商务已成为我国经济发展和外贸增长的新动能，为促进产业转型升级，大众创业、万众创新和推进"一带一路"建设发挥了积极作用。跨境电子商务是巩固贸易大国地位的重要支撑、促进外贸供给侧结构性改革的重要动力、提高贸易便利化水平的重要抓手和引领国际经贸规则的重要突破口。大力发展跨境电子商务，既是培育竞争新优势和推进贸易强国建设的必由之路，也是促进经济持续健康发展和提升我国国际地位和影响力的选择。国家鼓励进口、居民消费水平的提高以及"一带一路"建设的快速推进等因素叠加，将进一步推动跨境电子商务的发展。

4. 电子商务与快递物流协同发展进入快车道

国务院办公厅下发了《关于推进电子商务与快递物流协同发展的意见》（国办发〔2018〕1 号），加快推进"互联网＋流通"行动计划，以行业协同撬动电子商务和快递物流两个大市场，提升经济整体效率。电子商务与快递物流协同发展，可以推动快递物流转型升级、电子商务提质增效、技术标准衔接统一、数据资源规范共享、供应链协同创新，促进居民消费，改善用户体验。电子商务与快递物流必将向着多功能化、服务柔性化、信息化、手段现代化、国际化、绿色化的方向发展。

思考题

1. 简述我国电子商务发展的现状。
2. 简述我国电子商务发展的趋势。
3. 简述我国电子商务企业的机遇。

实训 1-1　物流配送服务信息跟踪实训

实训目标
熟悉京东商城的网购流程，掌握其物流配送服务。
实训内容
（1）网络购物体验。
（2）跟踪物流配送信息。
（3）分析电子商务与物流的关系。
（4）撰写购物体验报告。
环境要求
本实训要求在网络实训室中进行，实训室应能容纳 40 人上机操作，需准备多媒体投影仪 1 台、屏幕 1 块、白板 1 块。
情景描述
运动会在即，但班级的统一着装还未就位，请以小组为单位，各小组分工合作，至京东商城进行商品选购,全程跟踪物流信息。

学生通过京东商城前台的购物体验,熟悉该平台的网购流程,初步了解其物流配送服务流程,并结合相关知识分析电子商务与物流的关系,在任课老师的指导下,完成最终的购物体验报告。

实训道具

计算机、手机、笔等。

工作流程

打开京东商城网站→需求品种数量及价格确认→完成订单→跟踪物流配送信息→确认收货→分析电商与物流的关系→撰写购物体验报告。

操作步骤

(1)根据购物资料到网站搜索商品。

(2)确认商品样式、数量、送货日期、价格等内容。

(3)付款,完成订单的支付。

(4)跟踪物流配送信息。

(5)确认收货。

(6)分析电子商务与物流的关系。

(7)撰写购物体验报告。

实训报告

学生根据购物体验,分析电商与物流的关系,形成书面的实训报告。

任务二　常用电子商务方式

学习目标

➢ 掌握电子商务企业常用的电子商务方式，并进行实训。

任务目标

通过本任务的学习，学生可以掌握常用电子商务方式的内容，并理解电子商务环境下现代物流的发展趋势，再进行实际操作。

> ☆知识窗
>
> 　　第三方电子商务平台也可以称为第三方电子商务企业，泛指独立于产品或服务的提供者和需求者。其通过网络服务平台，按照特定的交易与服务规范，为买卖双方提供服务。服务内容可以包括但不限于"供求信息发布与搜索，交易的确立、支付、物流"。

案例引入

零售企业为何喜欢自建电商营销网站

不管是百强零售企业还是中小型企业，都在积极搭建自身的电商营销网站。据2017年《线下零售新生态报告》显示，沃尔玛、永辉、大润发、华润万家、家乐福等排名前十的实体零售企业均已自建电商营销网站，打通线上渠道。全国百强零售企业中，自建电商营销网站的比例已经超过50%。

目前，线上线下格局已定，京东到家、美团、闪电购等第三方平台已经非常成熟。此前，以中小企业为主的区域型零售商对接入第三方到家平台报以乐观态度，认为它们能够为自己带来线上流量和丰富数据模型，并以此研究消费者需求，以达到差异化选品和精准营销的目的。

第三方平台的运营逻辑是经营平台，接入的商家越多，平台能为用户提供的服务越全面，但对于零售商而言，平台上的商家越多，单一零售商的存在感越低，面临着用户流失的风险。

另外，还存在"无缝对接"的问题。如果线上线下数据不打通，那么在拣货、库存管理等环节便需要大量人工操作。例如，某零售企业在接到线上订单后，将其发到附近门店的微信群中，由各部门按照商品品类拣货，随后拍照上传至微信群，再由相关人员手动输入库存系统进行更新。

此外，流量来源也是引起实体零售商质疑的重要原因。例如，人工无法识别线上流量是区别于线下客群的纯粹增量，还是固有订单从实体店到线上营销网站的空间转移。

未来零售行业的核心竞争力是掌控客户。零售商需要找到客户，并与其建立强联系。因此，自建电商营销网站是很有必要的。

由此可以看出，传统零售企业对电商有了更加务实的认知。以往，实体零售商做电商欲与互联网企业一争高下，最终陷入无止尽的价格战和烧钱砸流量的泥沼；而现在，实体零售商心态是，凭借电商营销网站为自己服务。

具有代表性的是最早试水电商的实体零售商步步高。步步高集团董事长王填表示："尽管在社交、支付等领域，阿里和腾讯已经掌握了基础的入口，这个层面我们断无机会，但在BAT既有的互联网架构下，实体店做电商依然有很多玩法。"

实体零售商自建电商营销网站，一方面，借此迎合客户的"到家消费"习惯，扩展消费场景；另一方面，在自己的电商营销网站成熟之后，并单率提升，前期各项成本被摊薄，实体零售商完全有可能开辟出新的盈利渠道。

无论是自建电商营销网站，还是借助第三方平台，都属于电子商务方式。

随着互联网普及率的不断提高，中国电商稳步发展，用户规模即将突破7亿大关。2019年，各大电商平台持续发力，创新营销模式增加消费欲望。在这些电商企业中，常见的电子商务方式有自建电子商务营销网站、利用公共电子商务平台和利用微商营销。

一、电子商务企业自建电子商务平台

企业自建的电子商务平台大多源于贸易商或生产商的转型。首先，这些平台的领导团队一般拥有资深的行业背景，了解上下游产业的痛点和需求，清楚平台的价值所在；其次，传统的分销渠道给平台带来坚实的客户流量基础、专业人才和人脉资源，能够让平台快速发展。

电子商务企业自建电子商务平台与使用公共电子商务平台对比，其优势与劣势如下：

优势：可拓展性强，自由灵活；一切皆在自己掌握中，很多拓展想加就加；没有佣金负担；在销售及服务流程，可以采用高于淘宝的标准要求自己，因此，可以做到对客户更好的服务；网站空间和容量等不受限制，可以展示更多的商品，提供更好的用户体验；可以结合用户特点，贴合其使用及消费习惯，提供个性化服务；自建电子商务平台，可以打造一支完全属于企业自己的团队，对企业的长期健康发展非常有益。

劣势：自建电子商务平台需要专业的运营维护团队，需要投入较高的人力成本；需要投资购买服务器、域名、软件等基础设施；初期投入成本较高，且效果不会立竿见影，需要一段时间的积累；自建商场初期可信度低，推广难度较大；要想打响知名度，需要大量广告宣传。

二、利用公共电子商务平台

公共电子商务平台即为企业或个人提供网上交易洽谈的平台。企业电子商务平台是建立在互联网上进行商务活动的虚拟网络空间和保障商务顺利运营的管理环境，是协调、整合信息流、物质流、资金流有序、关联、高效流动的重要场所。企业、商家可充分利用电子商务平台提供的网络基础设施、支付平台、安全平台、管理平台等共享资源，有效地、低成本地开展自己的商业活动。公共电子商务平台即第三方电子商务平台，如阿里巴巴、淘宝网等。

利用公共电子商务平台与企业自建电子商务营销网站对比，其优势与劣势如下：

优势：完善的购物流程；信用体系完善，无论信用制度的建立时间还是可信度都非常高；商城模版，可快速搭建网上门店；平台流量大，且客户的目的性强；可直接利用庞大、现有的资源，帮助企业节省自建及维护电子商务平台等费用和长期的广告推广费用。

劣势：企业运营受到第三方平台的规则限制和制约，店铺样式单一，显示不出自身特色；功能受限，可拓展性较低，只能在第三方平台现有服务的框架下组织活动，部分功能还需支付额外费用；需要向第三方平台缴纳一定佣金。

三、利用微商营销

微商是指基于微信生态圈的移动社交电商。微商的范畴可分为狭义和广义两种：狭义的微商即微信商户，单指利用微信朋友圈宣传售卖产品的商户；广义的微商是指微信商务，即基于微信等社交平台而衍生的一种新型电子商务形态，是个人或者企业基于社会化媒体所开展的一种新型网络销售模式。

传统电商以商品为中心，主营货物生意；微商以人为中心，主营人际关系，通过人际关系获取客户信任，再凭借信任卖出商品。微商产业链主要包括微品、微店、微商销售团队或个人、社交媒体（如微信）、物流服务商及支付平台等。

（一）微商的起源

1. QQ空间、QQ群、微博是微商的雏形

其实微商早已存在，在QQ空间、QQ群、微博中，有些厂家、代理商、经销商会通过QQ空间展示自己的产品与使用效果，通过QQ群提高产品展现率或提供交流平台，通过微博增加粉丝量推广产品发布促销活动，等等。现在看来，这都是微商的常用操作手段，只是在这个阶段还没有专业的词来形容微商，这就是微商的雏形。

2. 移动互联网、智能手机为微商奠定基础

随着移动互联网的发展及3G、4G网络的普及，移动网络的速度进一步提高，使用手机访问网络的用户逐步增加，而智能手机风靡全球，手机的智能化功能更加强大，更进一步促进了移动互联网的发展。截至2014年4月，仅我国移动互联网用户总数就达8.48亿，这是一个非常庞大的用户群体，为微商的发展奠定了坚实的用户基础。

3. 淘宝、京东、聚美优品等大型网购平台与移动支付的发展为微商铺路

随着淘宝、京东、聚美优品等大型网购平台搭建移动商城，以及移动支付的普及，使用手机购买商品的用户也越来越多，人们逐渐改变了以往的购物习惯，大量用户通过移动互联网购买商品，为微商的发展进一步铺平了道路。

4. 微信用户的快速发展刺激了微商的成长

腾讯公司于2011年1月21日正式发布微信，截至2013年11月，微信注册用户量已突破6亿，于是很多人把营销推广定位在微信上，就产生了第一批微商。目前来看，微商主要分为两类，即代购类微商和代理类微商。

（二）传统企业转型，进入微商渠道

很多传统企业开始进驻微商平台，确实会有很大的优势。因为大品牌企业都是有线下实体店的，具有线下优势和品牌优势，但是从原来的代理制转向现在的平台化，大品牌企业往往很难迅速转型。相对来说，很多小品牌企业是依靠微商渠道发展起来的，会更加聚焦于一

个点。另外，大品牌企业开展一个活动，必须经过市场部、销售部等各个部门，需要进行综合衡量，而小品牌的活动是随机产生的，这样目标群体的参与度、关注度会越来越高，是迅速提高品牌意识的过程。原先是"大鱼吃小鱼"，现在是"快鱼吃慢鱼"。因此，小品牌企业未必就会被大品牌企业吞并。

平台型、服务型、导购型微商，未来这三种形式不会是三足鼎立，也不会以某一种类型为主导。因为中国的基数大，因此可能还会出现第四种、第五种微商形式。未来微商的发展一定是"做减法"，做小而美。一个小品牌，把客户数量做到一千万就足够支撑其发展，必须要让客户进行精准化消费，尤其是对"80后""90后""00后"的消费群体来说，带有独特风格和差异化的商品会更加受欢迎。

（三）微商行业的发展趋势

微商渠道相对传统渠道及电商渠道，属于成本更低的新兴渠道。未来，将会有更多的大品牌企业全面加入微商渠道销售，促使微商行业进入稳定成熟的发展期。

巨大的收益是吸引传统企业进入微商渠道销售的重要原因。例如，愈道眼贴、美丽奇迹、袜元素、天津百德量子等通过三位一体微商认证的五百多家企业中，单品年销售额达到20亿~30亿元。

根据 2019 年 1 月 1 日正式实施的《中华人民共和国电子商务法》（以下简称《电子商务法》）要求，集团微商作为国家大力提倡的新兴销售渠道，例如，华北制药有限公司、广州医药集团有限公司、格力集团、娃哈哈集团、蒙牛集团、拉芳家化股份有限公司都已布局微商销售渠道。传统企业具有强大的品牌背书，专业的研发团队，过硬的产品质量，雄厚的资金，强大的供应链资源和渠道资源保驾护航，进入微商渠道销售优势非常明显，更容易挖掘巨大的市场潜力，抢占市场份额。

思考题

1. 常见的电子商务方式有哪些？
2. 电子商务企业自建电子商务平台有哪些优势与劣势？
3. 公共电子商务平台有哪些优势与劣势？

实训 1-2 电子商务企业物流发展趋势调研

实训目标

能够绘制电子商务企业发展历程图，并分析在电子商务环境下该电子商务企业现代物流可能的发展趋势。

实训内容

（1）选择调研的电商企业。

（2）确认调研目标，确认调研方法。

（3）制作调研报告。

（4）完成任务，展示成果。

环境要求

本实训要求安排在机房实训室进行，实训室应能容纳40人进行上机操作，需准备多媒体投影仪1台、屏幕1块、白板1块。

情景描述

以小组为单位，选择一个熟悉的线下线上共同经营的电子商务企业（如国美、大润发等），以网络间接调研的形式对该企业的电商物流发展历程进行调研。

根据各组实际调研收集的资料，结合相关知识，绘制电子商务企业发展历程图，并分析电子商务环境下该电子商务企业现代物流的可能发展趋势，将调研结果以PPT形式呈现。

实训道具

实训用笔、尺、手机等。

工作流程

选择调研企业→确定调研方法→制作调研报告→成果展示。

操作步骤

步骤一：选择调研的电子商务企业。

选择具有代表性的成功电子商务企业，制作电子商务企业列表，见表1-2-1。

表1-2-1 电子商务企业列表

序号	调研企业名称	调研企业类型	选取背景
1	苏宁	B2C、线上线下融合发展的"云商"新模式	（1）目标：中国的"沃尔玛+亚马逊" （2）国内电商企业中第一家获得国际快递业务经营许可
2	……	……	……

步骤二：确认调研目标。

确定调研目标，广泛搜集数据，整理分析对比，制作调研目标表。

填写调研目标表，见表1-2-2。

表1-2-2 调研目标表

调研企业	调研目标	资料主要来源
苏宁	互联网化的发展历程	苏宁官方网站、MBA智库百科、万方数据库
……	……	……

步骤三：制作调研报告。

教师介绍调研报告的写作要点，学生以小组为单位讨论完成电子商务企业调研报告。

步骤四：完成任务，展示成果。

学生以小组为单位展示完成的电子商务企业调研报告。

实训报告

根据各组实际调研收集的资料，结合相关知识，绘制电子商务企业发展历程图，并分析电子商务环境下该企业现代物流的可能发展趋势，将调研结果以PPT方式呈现。

标题：×××发展历程网络调研报告
第一页：标题、小组成员；
第二页：背景介绍（选取该电子商务企业做调研目标的原因）、任务分工；
第三页开始：企业发展历程（若干页）；
最后一页：电子商务环境背景下该企业现代物流的可能发展趋势（设想）。
考核评分表见表1－2－3。

表1－2－3 考核评分表

	考评项目	分值	组内评价	他组评价	教师评价	实际得分
考评标准	组员分工明确，团队合作	20分				
	调研报告目的明确、内容翔实、结构完整	40分				
	PPT制作精美	20分				
	语言表达流畅，条理清晰	20分				
	合计	100分				

注：实际得分＝组内评价30%＋他组评价30%＋教师评价40%。

项目二

电子商务企业物流模式

学习目标

➢ 掌握电子商务企业物流的几种典型的模式。
➢ 理解并根据电子商务企业物流的特点选择合适的物流模式进行运营。

任务一　电子商务企业自营物流

任务目标

自营物流是指电子商务企业借助自身的物质条件，自行开展的经营物流模式。自营物流在经营管理的过程中有很多优势，但也有其不足之处，所以无论是制造企业、批发企业还是电子商务企业，都应结合企业自身发展的实际情况进行科学的分析，并合理选择适合自己物流模式。

本任务旨在使学生了解自营物流的优势和存在的不足，能够根据企业实际需要选择满足发展的物流模式。

案例引入

京东物流向"加盟模式"转变

6月18日作为京东每年的店庆日，必将是一轮电商与物流的狂欢，但近些年，京东的一些转变却让京东物流有些力不从心。2019年"618"是京东物流调整后的首次大促，但受大促期间集中到货及短期物流需求激增等因素影响，京东调整了部分物流服务，使其物流明显滞后，时效性大打折扣。

京东物流作为刘强东手中的王牌之一，在物流市场上一直处于举重若轻的地位。2017

年，刘强东在接受媒体采访时称："未来快递就两家，京东和顺丰！"然后，又在2018年5月改口说："京东物流在全国范围内还没有一个真正意义上的物流竞争对手。"

京东为了速度与服务，一直坚持自建物流网络。但据媒体统计，京东物流从成立至今一共亏损约300亿元，2018年亏损超28亿元。为此，京东调整快递员的薪酬结构，取消了快递员底薪并调低公积金比例，开源节流角逐个人快递市场。

根据京东物流发布的消息，2019年"618"期间，中小件业务和大件业务在6月18日前后都有几天暂停收货，订单出库时效和揽收都可能会有所延迟，6月22日起才恢复正常时效。6月18日至6月20日，冷链业务的订单出库时效最长达72小时。

经过这些调整，京东物流逐渐转向"加盟模式"，末端配送的快递员将成为自负盈亏的独立个体，多劳多得。与此同时，京东物流的特色在这些调整中逐步消失殆尽，变得泯然于众。

对于京东而言，这次调整可以有效降低成本，大约可以占2018年京东物流亏损额的一半。与此同时，弊端也已经初露端倪。之后的路，京东物流该如何走？它是否可以在特色与资本中间找到一种平衡？是否能够走出一条物流的新道路？人们只能拭目以待。自营物流模式有哪些优势和不足？什么样的条件适合选择自营物流模式呢？下面将介绍这方面的相关知识。

一、自营物流的优势分析

1. 有效控制物流业务运作

在自营物流的情况下，电子商务企业可以通过内部行政权力控制自营物流运作的各个环节，因此，对供应链有较强的控制能力，容易与其他业务环节密切配合，可以使企业的供应链更好地保持协调、稳定，提高了物流运作效率。控制力加强，可以较好地保证信息流和资金流的安全，很好地支持货到付款业务。

2. 使服务更加快速灵活

与第三方物流相比，自营物流由于整个物流体系属于企业内部的一个组成部分，与企业经营部门关系密切，以服务于本企业为主要目标，能够更好地满足企业在物流业务上的时间、空间和个性化要求，特别是要求配送频繁的企业，自营物流能更快速、更灵活地满足企业要求。

3. 加强与客户的沟通并提升企业形象

电子商务企业利用自己的物流系统送货，和客户面对面接触，能更好地了解客户的需求，同时，也能让客户更好地了解电子商务企业。与客户良好沟通，再加上优质的服务，有利于企业形象的提升和品牌的塑造。

二、自营物流存在的不足

1. 一次性固定投入较高

虽然自营物流具有自身优势，但由于物流体系涉及运输、仓储、包装等多个环节，建立物流系统的一次性投资较大，占用资金较多，对于资金有限的企业来说，物流系统建设投资是很大的负担。调查显示，对不少新建电子商务企业，自建物流配送系统的物流费用常常占企业成本的30%以上，远远高于物流外包所产生的成本。因此，自建物流配送系统必须考虑企业的短期目标与长远规划，应尽可能以较少投入来获得最大化物流效益。

2. 对物流管理能力要求高

自营物流的运营，需要企业员工具有专业化的物流管理能力，否则仅有好的硬件，也是无法高效运营的。目前，我国的物流人才培养严重滞后，导致了我国物流人才的严重短缺，企业内部从事物流管理的人员的综合素质也不高，面对复杂多样的物流问题，经常仅凭借以往的经验或者是主观的考虑来解决，这是企业自营物流一大亟待解决的问题。

3. 很难满足企业地域扩张的需要

自建物流配送系统可能在企业创建初期能满足物流需求，但随着企业规模的扩大和市场拓展范围的扩宽而不胜其力。通常情况下，许多电子商务企业在早期将销售业务范围主要集中在某一区域（如同城或者同省），初具规模后再将业务扩展到其他地区。由于电子商务跨越地域局限的技术优势，其在大踏步跑马圈地的拓展中发展物流十分吃力，物流配送系统服务地区的扩大速度难以跟上电子商务企业业务范围的扩大速度。

三、电子商务企业自营物流应具备的条件

目前，采取自营模式的电子商务企业主要有两类。

第一类是资金实力雄厚且业务规模较大的电子商务企业。电子商务在我国兴起的时候，国内第三方物流的服务水平远不能满足当时电子商务公司的要求，而这些公司手中持有大量的外国风险投资，为了抢占市场制高点，不惜动用大量资金，在一定区域甚至全国范围内建立自己的物流配送系统。此类电子商务企业一个典型的例子是e国网络，其在2001年上半年推出的"e国1小时"配送服务让不少消费者过了一把网上购物的瘾。e国网络也因此在购物网站中一举成名。如何在提高配送时效和控制配送成本之间寻找一个平衡点，是始终困扰着所有电子商务网站的一个难题。很显然，高配送费用需要更大的商品配送规模，另外，巨大的配送量还会导致高昂的管理费用，这些是令e国网络管理者头疼的问题。

第二类是由传统的大型制造企业或批发企业经营的电子商务网站。由于这类企业自身在长期的传统商务中已经建立起初具规模的营销网络和物流配送体系，在开展电子商务时，只需将其加以改进、完善，就可满足其对物流配送的要求。例如，上海梅林正广和股份有限公司依托其传统商务下完善的送货网络，通过85818网站开展B2C，组建上海全市24小时无盲区配送网络。

任务二　电子商务企业联营物流

任务目标

联营物流是指两个或者两个以上的经济组织为实现特定的物流目标而采取的长期联合与合作。联营物流需要组成的企业间签署合同，形成优势互补、相互信任的物流伙伴关系，在合作的过程中有很多的优势，但也有一些问题需要引起各方的注意，确保合作关系的维系，保障合作各方的利益合理有效。

本任务可以使学生了解联营物流模式的优势及采用时的注意事项，能够根据电子商务企业的实际情况，选择是否采用联营物流的模式。

一、联营物流的优势分析

1. 物流结构优势

电子商务企业为了实现共同配送的目标，与其他电子商务企业合作，使物流活动分工与协作不断增多，物流结构得到不断的完善和调整，物流资源得到优化配置。现今，许多国家正是看到物流的这些优势所在，因此积极向企业推行这种配送组织形式。

目前，有两种新的联营物流比较受电子商务企业青睐：①将很多家用户联合在一起，共同设立一个接货点和货物处置地，充分集中人力和物力开展配送业务；②多家配送企业之间通过相互交叉，利用自己的配送中心和机械设备，实现企业的配送业务。

2. 物流成本优势

由于联营物流可以使电子商务企业的配送资源得到更好的配置，并且弥补配送企业功能上的不足，提高了企业的配送能力，因此，虽然企业配送的规模扩大了，但其配送成本却降低了。

在国外物流领域中，联营物流模式因为其独有的魅力，被很多企业所青睐并被广泛采用。英国著名的第三方物流商 EXEL 的副总裁托马斯认为："我们之所以能够降低成本，是我们将人工、设备和设施费用分摊到了很多共享的客户身上。这些零散客户共享所带来的生意量和大客户所带来的生意量同样的大，使我们得以发挥物流的规模效益，从而节约成本，这些成本的节约又反过来可以使我们公司实施更加优惠的低价政策。"

二、联营物流应注意的问题

1. 注意联营伙伴的类型

选择联营伙伴时，要注意物流服务提供商的种类及其经营策略。一般可以根据物流企业服务范围的大小和物流功能的整合程度这两个标准确定物流企业的类型。物流服务的范围主要是指业务服务区域的广度、运送方式的多样性、保管和流通加工等附加服务的广度。物流功能的整合程度是指企业自身所拥有的提供物流服务所必要的物流功能的多少。必要的物流功能是指包括基本的运输功能在内的经营管理、集配、配送、流通加工、信息、企划、战术、战略等。

不同类型的物流企业在市场竞争中所采取的经营策略有很大的区别。例如，有的物流企业提供的服务质量很高，但其价格也高，而有的物流企业靠低廉的价格和普通服务水平来参与市场竞争。电子商务企业可以根据自己的需要进行选择。

2. 注意保持在联营中的控制能力

如果在企业战略中电子商务起到关键作用，电子商务销售额占总销售额的绝大部分，而企业自身物流管理水平却较低，这类企业寻找物流伙伴组建联营物流时，将会在物流设施、运输能力、专业管理技巧上获得较大收益，但要注意选择与合作的多样性，或将一部分物流服务分出去与他人共享，避免物流伙伴掌握客户资源后在整个供应链中占据支配地位而使自己受制于人，从而保证企业获得长期稳定的利润。对于物流在其战略中不占关键地位但物流水平却很高的企业而言，可以寻找合作伙伴，共享物流资源，作为联营物流关系的领导者，可以通过增大物流量来获得规模效益，以降低成本。

任务三　第三方物流

任务目标

第三方物流的概念源于管理学中的外包，意指企业动态地配置自身和其他企业的功能和服务，利用外部的资源为企业内部生产经营提供服务。将外包引入物流管理领域，就产生了第三方物流的概念。第三方物流是指生产经营企业为集中精力搞好主营业务，把原来自行处理的物流活动，以合同方式委托给专业物流服务企业；同时，通过信息系统与物流服务企业保持密切联系，以达到对物流全程的管理和控制的一种物流运作与管理模式。

本任务可以使学生了解第三方物流模式的优势及采用时的注意事项，并能够根据企业实际情况，选择是否采用第三方物流的模式。

案例引入

凡客诚品旗下如风达的命运转变

区快递业务，是指企业个人都能以每公斤8元的价格享受同城配送服务，实现上门取件的业务。

京东商城、苏宁易购等一线电商企业则是持续在物流方面"烧钱"投入，在产品、价格等方面差异化不大的情况下，通过配送、售后等服务实现差异化竞争，争取更多的订单。

1. 背景

北京如风达快递有限公司（以下简称"如风达"）曾是凡客诚品（以下简称"凡客"）旗下的自建物流，成立于2008年4月。

在凡客看来，网购物流是整个网购过程中与客户最近距离接触的一环。凭借自建物流，凡客为客户提供了"24小时送货""30天内包邮费无偿退换""当场试穿"等服务，但如风达也为凡客带来巨额的人力成本。2012年，凡客对如风达业务进行调整，一度裁员近2 000人。2016年7月，如风达宣布转型为独立第三方开放物流。如风达执行总经理邓彬彼时称，已完成与凡客之间的资产剥离，凡客成为如风达的客户之一。

2. 裁员调整后转同城业务

作为电商企业，凡客旗下全资自建的配送公司，由于物流成本高、订单萎缩等原因，凡客为了尽快实现盈利，曾于2016年对如风达进行了裁员、撤站等一系列调整动作。凡客方面称，未来一线城市将继续加强物流建设，而在二、三线城市则是与第三方物流合作。

近日，凡客开始拓展北上广等一线城市的同城快递业务。对此，凡客方面称，此次开通上海、广州等同城业务是基于今年如风达内部优化调整及信息化建立的顺利完成。现在除了能完成凡客及合作企业的任务外，如风达再支持3~5个一线城市的同城业务都没有问题。

早在2016年年初，如风达已经在北京总部涉足"纯快递"业务，同年9月，如风达申请经营国内快递业务，公示的经营地域为北京、上海、广州、佛山、深圳、长沙以及武汉。未来不排除开拓更多的同城市场业务。

3. 持续投入物流差异竞争

与 2016 年电商企业纷纷申请快递牌照、高调宣称自建物流不同，目前，电商企业自建物流出现分化现象，为了提升用户服务体验，在同质化的价格大战中脱颖而出，一线的电子商务企业通过进一步提升配送速度以争取客户，部分企业则是通过优化仓储等手段提升物流效率。

苏宁易购广州物流基地一期工程已经建成并正式投入使用。苏宁易购称，广州物流基地作为苏宁在华南地区的首个 B2C 小件物流基地。基地建成启用以后，至少可以节约一半左右的物流成本。其配送区域辐射广州及周边 150 千米范围。京东在部分城市推出"极速达"服务，将快递配送间隔缩短至 3 小时内。

2017 年 11 月，凡客的自建物流如风达也易主了。据了解，其已被中信产业基金子公司天地华宇集团（以下简称"天地华宇"）收购。收购完成后，如风达将作为天地华宇旗下的快递品牌独立运营。如风达方面表示，未来仍将继续承接凡客的快递业务。

对于如风达被收编，交易各方并未透露具体的交易金额和未来的组织架构，仅表示交易将在今年第三季度完成。凡客 CEO 陈年在微博上表示，在凡客过去 6 年的历程中，如风达的贡献不可磨灭。有了中信产业基金的支持，如风达在专业快递的方向上，一定会有更美好的未来。

天地华宇方面称，收购完成后，如风达将作为天地华宇旗下的快递品牌独立运营，天地华宇将拥有公路快运和国内快递两大业务板块。

截至目前，如风达的客户有凡客、小米、招商银行等，除快递业务外，如风达还能为大宗货物提供门对门干线运输。如风达方面表示，未来还将继续承接凡客的快递业务，如风达管理团队不会发生变化。目前，主要以电商快件为主，以后，还将着力发展个人快件业务。据介绍，凡客的业务在如风达整体单量占比已由 2016 年的 40% 降至 10% 左右。

相比较第三方物流模式和自营物流模式、联营物流模式相比较有哪些优势和不足呢？电商企业应如何选择适合自己的物流模式呢？下面将介绍相关知识。

一、第三方物流的优势

采用第三方物流的优势主要有：

（1）集中精力于核心业务上。

任何企业的资源都是有限的，因此，为了能更好地发展，企业应专注于具有竞争力的核心业务，而把物流等非核心业务外包出去。

案例引入

美国通用汽车公司的萨顿工厂与美国莱德物流公司合作，取得了良好的效益。萨顿工厂专注于汽车制造，而莱德管理其物流事务。莱德接洽供应商，将零部件运到位于田纳西州的萨顿工厂，同时，将成品汽车运到经销商手中。萨顿使用电数据交换进行订购，并将信息发送给莱德。莱德从分布在美国、加拿大和墨西哥的 300 多个不同的供应商那里进行所有必要的小批量采购，并使用特殊的决策支持系统软件来有效地规划运输路线，使运输成本最小化。

(2) 广泛运用新技术。

当科学技术日益进步时，第三方物流企业能通过不断地更新信息技术和设备来满足客户不断变化的物流需求，并可以根据社会的不断发展为客户提供相应的物流解决方案。

(3) 减少固定资产投资，加快资本周转速度。

如果企业选择使用第三方物流企业来提供物流服务，则完成相应的物流工作所需投入物流设备、仓库、信息系统等方面的资金将大大节省，然后，企业将投放在这些方面的资金用于其生产经营，这样，将会大大加快资金的周转速度。

(4) 创造更多附加值。

对于原材料供应商来说，为了满足客户快速反应的需求，就需要相应地建设地区仓库。然而，如果将这些仓储业务外包给第三方物流企业，则可以在满足客户需求的同时，不必投入大量的资金来保证仓库的运转。同样，对于最终产品供应商，利用第三方物流还可以向最终客户提供更多、更好的服务品种，从而为客户带来更多的附加值，提高客户满意度。

二、第三方物流存在的不足

与自营物流相比，电子商务企业采用第三方物流的模式也有不足，主要体现在：企业不能直接控制物流职能；不能保证供货的准确和及时；不能保证客户服务的质量和维护与客户的长期关系；企业将放弃对物流专业技术的开发等。例如，企业在使用第三方物流时，第三方物流公司的员工经常与企业的客户发生交往，此时，第三方物流企业会通过在运输工具上喷涂自己的标志或让公司员工穿着统一服饰等方式来提升第三方物流企业在客户心目中的整体形象，以取代企业的地位。

三、第三方物流的适用范围

第三方物流的服务范围比较广泛，它可以简单到仅帮助客户安排货物运输，也可以复杂到设计、实施和运作一家公司的整个分销和物流系统。在客户需求和市场竞争的推动下，第三方物流服务已经从简单的运输、仓储等单项活动转变为更全面更高级的物流服务，包括但不限于物流活动的组织、协调与管理，物流战略的设计与实施，订单分销以及库存管理，供应商选择和监督等一系列活动。而且，现代的第三方物流企业与其客户之间不再仅仅是一单对一单的简单交易方式，而是一种长期的业务伙伴或者物流联盟关系，利益共享，风险共担。真正意义上的第三方物流更加强调一种通过合同而联系在一起的、长期而共生的联盟关系。第三方物流所提供的服务范围随着市场的变化而不断发展，还导入了许多增值服务内容。

尽管对第三方物流企业的自身作业能力还存在着以上不同看法，但是一般来说，第三方物流服务的业务范围可分为基于仓储运输服务的基础性第三方物流、物流系统计划与规划、其他增值服务三种类型。

1. 基于仓储运输服务的基础性第三方物流

物流系统的要素包括货物运输和配送、仓库保管、装卸、工业包装、库存管理、工厂及仓库选址、订货处理、市场预测和客户服务等。对第三方物流企业提供的服务内容及客户使用第三方物流服务情况的调查可以发现，大多数第三方物流企业都致力于为客户提供全方位、一站式的服务,能够为客户提供运输、仓储、信息管理、物流策略系统开发、电子数据交换等全方位的物流服务。

2. 物流系统计划与规划

物流由多个环节构成,各环节之间存在着相互联系、相互制约的关系。正是各环节之间的相互协调和作用,实现了物流的高效率、低成本流动这一特定功能。由这些物流环节及其涉及的物品、信息、设施和设备组成的整体就是物流系统。目前,为客户提供物流系统总体规划的服务可以视为第三方物流企业的一项重要的服务内容;同时,能否具备这种能力也可看作第三方物流企业主动提升自身专业水平的一种重要手段。

由于竞争对手、供应商与技术的变化,企业的物流环境一直在发生改变。为了适应变化的环境,优化企业的战略,必须对其物流系统进行系统性的计划和设计,以寻求最有力的物流环境。

在计划与设计物流系统时,有许多要考虑的因素,包括物流中心的数量及位置、物流中心的最佳库存与服务水平、运输设备的类型与数量、运输路线、物流管理的技术等。这些问题牵涉到的数据以及相互之间的关联非常复杂,要综合考虑。

3. 其他增值服务

增值服务是在核心服务的基础上增加便利性服务和支持性服务。增值服务可以在帮助特定的客户实现他们的期望的同时,帮助其尽量降低物流成本,提高销售量与份额,帮助生产企业减员增效。第三方物流最主要的价值就在于提供各种增值服务。实际上,物流功能中最重要的一点就是整个物流过程对产品的增值作用。在第三方物流提供的综合服务中,增值服务做得如何,都直接或间接地影响到企业与客户的战略联盟,影响到业务伙伴间的关系。第三方物流若要争取市场份额,就必须将增值服务作为竞争手段,提高服务价值。增值服务包括两大类,即基本的增值服务和特定的增值服务。基本的增值服务包括货物拼拆箱、重新贴签、重新包装、产品退货管理、测试与维修等服务;而特定的增值服务则是更深层次的延伸服务,包括客户增值体验、物流解决方案和IT管理系统服务。

客户增值体验,就是不仅要满足客户的个性化和多样化的需求,还要让客户有物超所值的感觉,即客户认为自己得到的服务价值超过自己支付的服务费用。物流解决方案的增值服务要求第三方物流企业形成独特的运作模式,开发并形成一系列针对常见物流需求和问题的方案模型,包括物流配送解决方案、物流全程解决方案、物流信息系统解决方案等。国内的物流解决方案提供商大都与物流软件供应商合作,不需要硬件投资(如运输车队、仓库),只需要提供物流运作理念和物流系统管理方案。

提供IT系统管理服务主要应包括两方面;一方面是系统应用服务,即利用自身的信息系统资源,为客户提供多样化、个性化的信息系统平台和技术支持;另一方面是信息服务,即与客户之间建立良好的信息沟通渠道,提供增值服务的信息实时查询、浏览等,如电子物流,实现在线实时跟踪每天所发的货物,联机实现运输路线的规划,物流调度以及货品检查等。第三方物流企业必须在运输供应商与客户之间搭建一个能够及时沟通和共享的服务平台,使他们也能及时了解供货的变化,并根据变化调整服务的内容与相关的业务。

思考题

1. 什么是第三方物流?

2. 简述自营物流模式的优势和存在的不足。
3. 简述联营物流模式的优势和应用时的注意事项。
4. 简述第三方物流模式的优势和存在的不足。

案例分析

菜鸟网络 VS 京东，究竟谁的物流模式棒

曾经，菜鸟网络与京东展开了一场"口水"之战。下面是刘强东在节目《对话》中提到的观点。

1. 对"四通一达"而言，菜鸟网络是伙伴还是狼？

2016年7月17日，京东集团CEO刘强东在中央电视台晚间播出的《对话》栏目中，评价了京东物流的竞争对手菜鸟网络，他称："菜鸟网络的本质还是要在几个快递公司之上搭建数据系统，说得好听一点就是提升这几个快递公司的效率，说得难听一点就是几家快递公司的大部分利润最后都会被菜鸟物流吸走。"

此言一出，菜鸟网络于2016年7月18日发起了反击，回应说："刘强东不懂物流，缺乏平台共享意识，眼界只能停留在靠吸取合作伙伴的利润来养活自己，不可能理解赋能伙伴、提升行业、繁荣生态的意义。"

刘强东也表示，"四通一达"快递公司目前超过50%的快件来自天猫、淘宝，"命根子"被抓住了，现在已经没有这个能力离开了，因为如果这些快递公司不这么做的话，菜鸟网络很可能就会把它们踢出去。

菜鸟回应："菜鸟网络和快递公司相互依存，菜鸟网络的平台建设离不开快递公司，快递公司也需要菜鸟网络提供的服务和数据。"

2. 京东的模式仅仅是"烧钱"还是搭建体系？

刘强东还提到，中国目前的物流形态有三种，一种是第三方物流，如"四通一达"；一种是智慧物流，如阿里的菜鸟物流；另一种就是京东的自建物流，即供应链物流。刘强东直言"四通一达"和菜鸟网络都是靠增加货物的搬运次数来赚钱的，而京东的供应链物流是通过减少货物的搬运次数来赚钱的。他解释道："供应链物流的设计核心是减少物品流动，当产品从工厂里生产出来，甚至还没有生产的时候，就告诉渠道商在哪个城市有哪些库房，每个库房要多少货。产品生产出来后就直接从工厂拉到京东的库房去了，这是第一次搬运。第二次搬运就是从库房搬到消费者家里去，再没有什么代理商、经销商，再也不用从这个库房搬到那个库房。"

菜鸟网络则回应说："在阿里巴巴和菜鸟网络的生态平台上，快递公司每年营收都呈现了超过30%以上的增速，创造就业超过200万人，2016年以来，多家快递公司均已上市，市值都超过了百亿元。反观京东，不仅连年亏损，还成为并购'绞肉机'，对合作伙伴的吸血和压榨，恰恰是京东的惯用手法，如之前的易迅和拍拍，被收购后就迅速枯萎、死去。"

对此，刘强东表示："我们去年并不是真正的亏损，其实亏损只有8亿元。今天京东在全球电商界做一个标准，如果今天在美国的亚马逊买东西，他到货速度绝对比我差很多，我们绝对比美国的亚马逊好很多。"

他还说："京东有两种模式，物流投资主要就是人的投资，其实真正花钱的就是仓储部分，仓储可以选择租赁，但我们算过账，也许20亿元、30亿元就能有一个覆盖全国的物流网络，现在占投资支出最大的一部分就是买土地建自己的库房，租不到这么大的物流中心，必须自建，一年可能花费上百亿元，但是这些本身都是公司的资产，并不是'烧掉'了，不是现在互联网公司真正'烧掉'的，补贴，我们其实没有。真正'烧钱'的很少，都变成公司有价值的资产放在那儿了。"

3. 顺丰为什么不和菜鸟网络深度合作？

同时，刘强东还提到，只有顺丰没有与菜鸟网络展开深入合作，因为顺丰对天猫、淘宝的依赖不大，控制不了顺丰。

对此，菜鸟网络新闻发言人表示，顺丰和菜鸟网络正在各方面展开积极合作，丰巢自提柜信息就已经全面接入菜鸟网络系统。

其实，这已经不是菜鸟网络和京东的第一次"口水战"了，早在2016年5月12日，第二届亚洲消费电子展（CESAsia）期间，京东在展台曝光了正在研发中的两款用来送货的无人机。

2016年6月13日，在菜鸟网络主办的全球智慧物流峰会上，菜鸟网络CEO童文红表示，"现在一些企业在展示无人机，不要认为搞了个无人机，就是进入了智慧物流。"

京东和菜鸟网络的对撕代表着两种不同物流模式的较量，同时，也反映出双方都意识到物流对未来电商平台发展的重要作用。其实，除了菜鸟网络能通过平台形式聚集一众快递企业外，京东也在通过"自建+收购"的模式构建自己的物流王国。此前，京东到家刚刚与达达完成合并，这意味着京东直接拥有了大规模外包物流资源。

业内人士表示，目前，部分快递公司太依赖阿里巴巴，缺乏核心竞争力，价格战严重，毛利率也在逐年下降，快递公司明显已经意识到这点，从2015年年底开始，中通、圆通、韵达等已陆续筹备上市，希望通过上市后的并购、投入、信息化建设等措施，提供更多专业化、细分化产品，解决行业同质化竞争问题，让自己拥有更强的话语权。

思考题

1. 快递公司与菜鸟网络合作的基础是什么？
2. 你更认同菜鸟网络的物流模式还是京东的物流模式？

项目三

电子商务企业备货管理

学习目标

➢ 掌握电子商务企业备货的含义和基本内容。
➢ 理解并掌握电子商务企业备货的功能、流程和货物存储的注意事项。

任务一　备货的含义及内容

任务目标

备货是电子商务企业配送中心实施经营活动的基础，备货作业是配送中心各项具体业务活动的第一关。电子商务企业的客户对于货物的时效性要求非常高，因此，要求配送中心必须拥有相应的货物来保障客户的需要。

本任务可以使学生掌握备货的含义与基本内容。

案例引入

歙县：迎战"双11"，电商备货忙

随着2019年"双11"购物狂欢节的临近，歙县众多电子商务企业陆续进入备战状态，抓紧时间腾仓扩容、备足货源、检修设备，同时，推出各种优惠让利活动，积极备战"双11"。

走进歙县经济开发区的优味食品有限公司生产车间，只见两条全自动生产线正开足马力，满负荷运转，工人们忙着对加工好的食品进行分拣、包装，物流配送车辆也是频繁出入，一片全力备战"双11"的忙碌景象。"根据往年的订单销售状况以及同比增长的数据分析，预估今年'双11'的订单量，仅手抓饼就能突破两万单，黄山烧饼的销售量也能达到三万单。"据公司负责人吴斌介绍，他们在六七月就开始着手准备今年的"双11"，活动策

划、优惠力度等相关工作早已就绪。

作为一家主要从事黄山烧饼、手抓饼生产、加工和销售的本土企业，优味食品在2018年就组建了电子商务部门，将产品从线下站点销售逐步转为线上各平台销售，销售额节节攀升。"截至2019年10月，我们的销售额达到了1 900万元，比2018年增加了110%。今年的目标是2 500万元，剩下这段时间我们再努力冲刺一下。"吴斌表示。"借助阿里巴巴平台的激励扶持政策，今年的销售额已经达到了去年的五倍，有望突破3 000万元。"

随着"双11"网购狂欢节的临近，和大多数电子商务一样，歙县山里山茶业也早已进入火力全开的备战模式。连日来，公司全员上岗，从菊花的采摘、烘焙、加工，到接单、包装、发货，到处都是忙碌的身影。"我们每天的金丝皇菊备货量都要超过三万朵，目前公司员工也是全员在岗，全力以赴保障各二级经销商能够正常发货。"山里山茶业电商部负责人李琪表示，随着自建茶菊基地的成熟，今年该公司又主攻批发市场，注册了自己的品牌商标，山里山茶业已经成为歙县农特产品网络销售的领跑企业。

据介绍，作为国家电子商务进农村示范县，歙县目前拥有电子商务企业126家，网店、微店共1.1万多家，带动万余人从事电商及物流产业，2019年1—10月，全县农产品网络销售额达4.92亿元。

那么，什么是备货？电子商务企业应如何备货呢？下面将介绍相关知识。

一、备货的含义

备货是配送的基础工作，是配送中心根据客户的需要，为配送业务的顺利实施而从事的组织货物货源和进行货物储存的一系列准备活动。

配送中心接到客户的订单后，必须拥有相应的货物保证配送，包括具体的货物种类、货物等级、货物规格及货物数量。若配送中心的配送方式是大型或综合型的存货式配送，可利用现有的货物满足客户的需要，及时按订单进行配送；若配送中心采用小型的订单式配送方式，则必须立即组织备货人员联系供货商，调配客户所需的货物。

在配送中心的经营活动中，拥有客户需要的货物是成功实现配送活动的重要内容，但由于配送中心的类型不同，货物的掌握状况也不尽相同。实施存货式配送的配送中心拥有一定数量的存储设备，日常可以储存一定数量的现货；而实施订单式配送的配送中心，由于没有存储货物的设施，因此必须建立广泛而密切的货物供应网络系统，一旦客户下达订单，就必须及时调货，以保证配送。

虽然各配送中心组织货源的方式不同，但各类配送中心的备货人员都必须掌握全面的货物专业知识和购进信息，熟悉各类货物的供货渠道和供货最佳时机，在进货指令下达后，能够及时购进、补充客户或仓库需要的货物种类、等级、规格和数量，以保证配送合同按期完成。

实施存货式配送的配送中心，其备货作业还需要备货人员掌握相应的货物存储专业知识，良好地养护与保管储存货物，保证储存货物的在库质量，不发生霉变与损坏现象。同时，运用科学的库存管理知识，测知各类库存货物数量，及时提出补充货源的建议，做到仓库货物先进先出，随进随出，既不过量储存货物、占压资金，又能存储足够量的货物，保证日常配送活动的需要。

二、备货作业的基本内容

作为配送活动的准备环节,备货作业包括两个基本内容,即组织货源和储存货物。

1. 组织货源

组织货源又叫筹集货物或采购货物,是配送中心开展后续配送业务活动的龙头。组织货源应遵循以下原则:

(1) 以需定购。

以需定购是指企业根据市场需要来采购货物。市场需要什么货物就购进什么货物,需要多少就采购多少,保证购进的货物都能满足需要。贯彻以需定购原则,实质上是"以客户为中心"的经营思想在采购活动中的具体体现。批发企业要根据其购货单位的需要,零售企业则要根据客户的需要。

(2) 择优选购。

货物货源组织,最重要的一点就是要选择最佳的供货单位。选择理想的供货单位,有助于稳定购销关系,促进企业经营活动顺利进行。选择最佳供货单位的标准如下:

①供货单位的信誉,包括生产是否正常,商品质量是否可靠,花色品种的搭配是否恰当,能否按期交货,质量是否有保证等。要坚持质量第一的观点,严把质量关,防止质次价高的伪劣货物进入流通领域,努力维护客户的利益;

②供货单位的条件,包括路程远近、采用何种交通工具、运输费用高低、是否送货、价格有无优惠、是期货还是现货,包装是否牢固等;

③以经济效益为标准,对可选供货者进行综合分析、评价,作出进货决策,选定最佳供货单位。

(3) 以购促销。

以购促销就是在采购时,要积极扩大货源,增加花色品种,促进销售不断扩大。特别是新产品刚投入市场,客户对其不甚了解,配送中心要以积极的态度组织试销、扩大经营范围、引导消费、尽快占领市场、扩大销售。

影响配送中心组织货源的因素很多,包括配送中心的类型、规模,能够接受的进货成本,购进产品的种类、产地、数量及具体备货人员的能力等。备货人员要适应经济发展的需要,不断更新自己的组货思想,调整备货方式,为企业组织到适应客户需要、有助于企业发展的适当货源。

2. 储存货物

储存货物是配送中心购货、进货活动的延续。在配送活动中,适量的库存可保证客户随时出现的需要,以保证配送业务顺利完成。

配送中的货物储存有两种表现形态:一是暂时库存,即按照分拣、配货工序的要求,在理货场地储备少量货物;二是储备形态,即按照一定时期配送活动的要求和货源到货周期有计划地储备货物。储备形态是使配送持续运作的资源保证,储备的合理与否,直接影响配送整体效益的高低。

任务二　备货的基本功能及流程

任务目标

备货是电子商务企业配送中心实施经营活动的基础。备货可使社会库存结构合理，降低社会总成本；备货可使配送中心节约空间，降低配送成本，增加经济效益。

本任务的学习可以使学生理解备货的作用，掌握备货作业的流程和货物存储的注意事项。

案例引入

小米 8 探索版开卖时间曝光，总备货量超少

2019 年 5 月底的那场小米发布会上，雷军在 2 个多小时的时间里，发布了多款新机，不过主角还是小米 8 系列，其中，包括了小米 8 SE、小米 8 以及小米 8 探索版，而对应的也是中端、中高端和高端的定位，相比前两者已经率先开卖的情况，很多网友也都关心小米 8 探索版会在何时开卖。

1. 零部件良品率迟迟上不来

虽然外形上，小米 8 探索版保持了与小米 8 一样的外形，但两者的区别还是很大的。前者摒弃了后置指纹模块，而改用屏下指纹，其供应商是新思科技（Synaptics），方案是增强版 FS9500 Clear ID 光学屏幕指纹传感器，而为了让指纹用起来更有感觉，小米还加入了振动反馈功能。

除屏下指纹外，小米 8 探索版还提供了 3D 结构光，能提供跟 iPhone X 一样的 3D 人脸识别功能（安卓系统中首款支持"Face ID"手机），而小米使用方案是基于 Mask（掩膜）的编码结构光，该技术由以色列 Mantis Vision 公司自主研发，其工作原理是对面部进行规律的几何编码图形扫描。由于 3D 结构光技术在非苹果系统阵营外还处于起步阶段，因此，小米 8 探索版人脸识别中的一些关键原件量产率迟迟上不来，导致无法量产。

2. 总共备货量并不多

小米 8 探索版手机的背壳很抢眼，对于这款手机来说，除了定位高端外，更大的问题还是关键零部件产能上不来，因此，备货并不是很多。据产业链给出的消息称，小米 8 探索版的发售时间是 7 月底，目前，小米给到供应商的订单量较少，但不排除有后续补单的可能性，预计生命周期销量为 80 万～100 万台。

小米 8 探索版只有 8＋128 GB 一个版本，售价为 3 699 元，从产品的备货量来看，想要得到它的用户免不了要去拼手速疯抢了。至于小米 8 和小米 8 SE 的备货量，从首批开卖的情况来看，据说有几十万台，但正式开卖却不到 2 分钟就抢光了，后续小米一直在努力的备货当中。

备货作业对于电子商务企业有何意义？电子商务企业应该如何进行备货呢？下面将介绍这方面知识。

一、备货电子商务企业销售和配送的基础工作

1. 备货可使配送中心的配送活动得以顺利开展

作为配送中心实施经营活动的基础,备货作业是配送中心各项具体业务活动的第一关。任何配送活动,若如果没有相应的货物作保证,即使有再科学的管理方法和再先进的配送设施,也无法完成配送任务,可谓"巧妇难为无米之炊"。作为"炊中之米",备货作业开展得好坏,直接影响到配送活动的其他后续业务开展的好坏。如果备货人员业务不精,不熟悉供货商的情况,没有建立供货网络系统,接到订单后再接触供货商,与其洽谈进货价格、进货渠道、进货时间等基本业务,势必导致货物购进在途时间过长,占压资金过多,既浪费了时间,又增加了进货成本,进而导致配送总成本上升。若供货渠道不畅,还会使企业面临无货或缺货的尴尬境地,导致企业无法按期配送货物,丧失商业信誉,降低市场竞争力。如果备货人员拥有各类商品的供货网络系统,熟悉各供货商的供货能力、供货成本及供应时间,则能够及时地按照客户的订单组织货源,根据企业的需要补充库存,使业务可以顺利开展下去。良好的配送服务可以赢得客户的首肯,进而赢得其信任,为企业获得良好的服务信誉,并为企业进一步拓展市场打下坚实的基础。

2. 备货可使社会库存结构合理,降低社会总成本

目前,"零库存"的概念已被我国越来越多的企业所接受。"零库存"并不等于不设库存,而是对社会总体的库存结构进行合理的调整,通过资源整合,形成库存集中化,即生产企业和商业零售组织不设库存或少设库存,由大型或综合型配送中心实施产品的供、存、销业务。

生产企业的原材料、零部件及产成品由配送中心统一提供,可使生产企业用于购买原材料、零部件及进行销售的资金有所减少,进而降低了企业的生产总成本,使企业的产品在市场上更具竞争力;同时,由于企业不再分出人力、物力用于原料的购进和产品的储运,企业可以拥有更多的生产能力和市场销售能力,可以生产出更多更好的产品,销售到更广泛的地区。例如,深圳海福发展有限公司对 IBM 公司在我国境内生产厂的电子料件配送业务,宝供储运对宝洁公司产品的配送业务。同样,大型的零售组织也可自己不设库存,改由配送中心统一采购所需销售货物,集中配送,如沃尔玛、大商集团。这些大型零售组织的商业网点遍布世界各地或国内各省,各分店自行采购,既无法保证货物的质量、种类和数量,又无法降低成本,于是,企业就利用自己的配送中心共同采购并集中配送。生产与经营企业自己不设库存,将购物、发送业务交由配送中心承担的做法,优化了库存结构,降低了总成本。

3. 备货可使配送中心节约空间,降低配送成本,增加经济效益

通过科学的备货方式,配送中心可以适当降低库存货物数量,使库存结构更加合理。在减少不必要库存占用的前提下,使库存成本下降,从而降低货物的配送成本。与此同时,由于调整了库存结构,剔除了不合理的库存占用,企业拥有了扩展业务的空间。新业务的增加,既增强了适应市场变化的能力,又大大增加了企业的整体经济效益。

二、备货作业的流程

1. 拟订采购计划

适销对路是货物采购最本质的要求。适销对路即指适销、适量、适时。要做到适销、适量、适时地购进,克服采购中的盲目性,一定要有计划。货物采购计划的拟订是以市场调查和预测为前提的,尤其是要搞好两个方面的市场调查:一方面,是市场货物需求的调查;另一方面,是市场货物可供货源的预测调查。

2. 订立采购合同

货物采购合同是不同企业之间为实现一定经济目的,明确相互权利和义务的书面协议。签订采购合同必须符合《中华人民共和国经济合同法》(以下简称《经济合同法》)的规定。合同的主要条款有:①双方当事人的全称、地址、银行账号;②商品的数量、规格、花色、质量标准、包装要求;③商品单价、总价;④交货时间、交货方式、交货地点、运杂费用负担、付款方式等;⑤违约责任;⑥其他条款。合同内容要完整、具体、翔实,义务和权利必须明确,文字含义要准确。合同一经签订,即有法律效力,必须认真履行。

3. 货物验收入库

对于供货单位运达的货物,验收人员要根据供货单位的销货发票验收货物。验收时,必须坚持数量准确、质量完好、规格等级与订货要求或合同规定相符、订货凭证齐全、数量无误的原则,按照购销双方协商的质量标准进行验收。清点大件数量并检查包装是否有破坏,对有疑问的货物可拆件抽验,详细点验数量与质量,并做好验收记录。若发现货物破损、短缺或质量问题等,则验收人员应及时与采购人员联系,以便及时处理。

4. 货款结算

常用的货款结算方式有支票、银行本票、商业汇票、银行汇票、汇兑、委托收款、异地托收承付、卡结算等。购销双方根据合同规定或双方约定,采用上述结算方式办理货款结算手续。结算付款要求准确、迅速、不出差错和手续清楚。

三、货物储存(暂存)注意事项

1. 货物储存的合理数量

货物储存的合理数量是指在一定的条件下,根据企业具体经营情况,为了保证正常的货物配送业务所制定的合理储存标准。确定货物储存的合理数量要考虑客户的需求量、配送中心的条件、配送过程的需要及配送企业的管理水平等因素的影响作用。

货物的储存量由经常储存和保险储存两部分构成。经常储存是指配送中心为满足日常配送需要的商品储存;保险储存是指为防止因货物需求变动而造成影响,避免货物脱销,保证连续不间断的配送而建立的货物储存。两种储存定量的确定,要在考虑各种影响因素的基础上,运用科学的定量方法计算得出。

2. 货物储存的合理结构

货物储存的合理结构是指不同品种、规格、花色的货物之间储存数量的比例关系。经由配送中心配送的货物品种多、数量大,特别是大型的综合配送中心,货物种类更是千差万别。客户对不同货物的需求量是不同的，并且各种需求是不断发生变化的。

因此，配送中心在确定货物储存合理数量的同时，还要特别注意不同的货物储存数量之间的合理比例关系及其变化对货物储存数量和货物储存结构的影响。

3. 货物储存的合理时间

储存货物的目的是满足客户的订货需要，因此，配送中心在确定货物储存的合理时间时要注意该种货物的生产周期和货物的物理、化学及生物性能，使货物既不脱销断档，又能在最大限度地减少损耗的前提下保证质量。

4. 货物储存的合理空间

货物储存的合理空间就是在库房内合理地摆放货物。货物在仓库内的摆放要有利于货物配送，拥有较大库存的配送中心一般规模较大，经营品种较多，有条件的配送中心可以建"高架自动仓库"，按不同类别、不同配送客户的需要设置多个出货点。在合理布置货物存放货架时，还要注意设计有利于仓储机械工作的通道、保证仓储安全的空间。

在货物存储期间，货物表面上是处于静止状态的，但从物理、化学及生物角度分析，货物内部是在不断地变化、运动着的，这种变化危害着货物的使用价值。同时，库房内的环境使得货物的内在运动易受到外界的促进而加速。因此，配送中心的备货人员在备货时要注意调整仓库的温湿度，防止和减少外界不利因素对货物的影响，延缓货物质量的变化过程，降低货物的损失和损耗。

思考题

1. 什么是备货？
2. 简述备货的内容。
3. 简述备货作业的作用。
4. 简述备货作业的流程。

案例分析

揭秘凡客的福州 POLO 衫代工厂

2015年3月16日，凡客代工厂福州 POLO 衫在接受采访时披露，电子商务正在颠覆纺织制造业的反应机制，凡客的T恤订单最快可以在上线前一个月生产完成，而传统服装企业的备货周期可能长达3个月甚至更长的时间。

"举个例子来说，我对凡客的承诺是，拿到凡客订单确认文件后，我可以在两个月内或者最快一个月就将衣服生产完，这意味着凡客可以更快地根据市场变化对服装进行设计。而一些传统的品牌，往往出货周期最少为90天，甚至一些国际知名运动品牌今年3月便开始生产明年秋冬款的服装了。"

不过，凡客也对铜牛提出了更快反应的要求，但这是一项非常复杂的数字化工程。

据悉，北京铜牛股份有限公司于2000年12月28日成立，是隶属于北京铜牛集团有限公司的骨干企业，重点发展内衣系列、童装系列、休闲系列产品和商品坯布。除了承担凡客的代工外，铜牛还是当当网自主品牌服装的设计代工商，同时，其还为Kappa、H&M、黛安芬、迪斯尼、安踏、李宁等品牌的服装代工。这些品牌的服装与凡客的服装在同一流水线上生产。

另外,据了解,铜牛去年为凡客代工的总金额约为 6 600 万元,共为其生产 200 万件服装。

思考题

1. 凡客是如何进行配货的?
2. 分析凡客采用这种配货方式的好处?

项目四

电子商务企业配送中心业务操作

学习目标

➢ 掌握电子商务企业配送中心业务的相关知识。
➢ 理解并掌握电子商务企业配送中心各项具体工作流程,并进行实训。

任务一 订单处理作业

任务目标

订单处理作业是电子商务企业配送中心的第一环节,也是配送中心作业的重要流程之一。通过改善订单处理过程,缩短订单处理周期,来提高订单满足率和供货的正确率,确保企业的竞争优势。

本任务的学习可以使学生掌握订单处理的内容,能够运用订单处理的方法和步骤进行实际操作。

日本的《市场用语词典》对配送中心的解释是:配送中心是一种物流节点,它不以储藏仓库的这种单一的形式出现,而是发挥配送职能的流通仓库,也称基地、据点或流通中心,是为了降低运输成本、减少销售机会的损失而建立设施、设备并开展经营、管理工作的。

案例引入

订单处理:物流高手的制胜法宝

在物流领域,顶级高手与平庸之辈的差距就在于订单处理——这是人们在多年的物流实践当中得出的一个结论。

萨姆森-帕卡德公司（以下简称"公司"）是生产各种规格工业用软管接头及网门的企业，每天可以处理50份订单，每份订单的处理周期为15～25天。其中，订单处理时间为4～8天，生产备货时间为11～17天。由于订单处理时间过长，客户经常抱怨。因此，公司改变订单处理流程，减少订单处理时间，缩短订单处理周期的25%，客户就满意了。公司也因此稳固了其在行业中的地位。

连锁型便利超市"7-11"每家店铺的大部分空间主要用于销售，必需频繁补货，才能使店铺经营的商品对客户来说方便可得。为应对7 800家店铺群集补货，其做法是店铺补货人员在每天规定的时间用便携电子订单录入器，读取货架上的商品余量信息，对照库存清单和订货指南，键入所需每种商品数量信息。该补货信息传输到地区配送中心后，电子订单处理系统马上将补货信息转换成发货指令，从而完成频繁的补货作业。"7-11"先进的电子订单处理系统，使其在行业竞争中长期立于不败之地。

联邦快递公司订单处理是用条形码给每份货运单据加编号，以使能在运送过程中用条形码扫描器方便、快速地读取信息，进行卸货、装货、转运发货作业。该公司的电子订单处理系统能事先对发货路线安排、交货日期计划以及客户提货等方面进行全面规划，这也正是联邦快递公司的竞争力所在。

所以，订单处理"高手"制胜的精髓在于能满足当今世界以时间、速度和可行性为主要衡量标准的客户服务水平，同时也提高企业竞争力。

那么如何有效、正确地接单、并简化接单作业？如何对大量而繁杂的订货信息进行高效分类与汇总？如何掌握订单进度，使后续配送作业有序、正确地开展？下面将介绍订单处理的相关内容。

一、订单处理作业的含义及订单处理内容

订单处理（Order Processing）是指有关客户和订单的资料确认、存货查询和单证处理等活动，见《中华人民共和国国家标准物流术语》（GB/T22126—2008）。订单处理既是配送中心作业的开端，也是整个信息流作业的起点。订单处理不仅把上下游企业紧密地联系在一起，而且处理输出的各种信息，指导着配送中心内部的采购管理、库存管理和储存、拣货、分类集中、流通加工、配货核查、出库配装、送货及货物的交接等各项作业有序高效地展开。

按照《中华人民共和国国家标准物流术语》（GB/T22123—2008）规定，订单处理的内容有以下几项：

（1）订单接收程序，包括客户订单接收、传递、确认、建档等；
（2）订单数据处理程序，包括存货查询、存货分配、订单处理数据输出等；
（3）订单作业程序，包括生成作业前的补货单、编制拣货的路线图、提出缺货明细单并发出紧急采购指令；
（4）订单状况管理程序，包括订单进度追踪、订单异常变动处理等。

二、订单处理方法

订单处理方法分为传统订单处理方法和电子订单处理方法两种。

1. 传统订单处理方法

传统订单处理方法是指利用人工方法书写、输入和传送订单。

(1) 厂商铺货。供应商直接将货物放在车上,一家一家地去送货,缺多少补多少。这种方式常用于周转率较快的货物或新上市货物。

(2) 厂商巡货。隔日送货供应商派巡货人员前一天先至各客户处巡查需要补充的货品,隔天再予以补货。厂商可利用巡货人员为商店整理货架、贴标签或提供经营管理意见、市场信息等,也可促销新品或将自己的货物放在最占优势的货架上。这种方式的缺点是厂商可能会将巡货人员的成本加入货物的进价中,且厂商乱塞货将造成零售业者难以管理、分析其所售的货物。

(3) 电话口头订单。订货人员将货物名称及数量,以电话口述方式向厂商订货。由于客户每天订货的品项可达数十项,而且这些货物常由不同的供应商供货,因此,利用电话订货所费时间太长,且错误率高。

(4) 传真订单。客户将所缺货物资料整理成书面资料,利用传真机传给厂商。这种方式虽可快速地传送订货资料,但其传送资料品质不良,常需要增加事后确认作业。

(5) 邮寄订单。客户将订货表单或订货磁盘、磁带邮寄给供应商。这种方式的不足是效果差。

(6) 客户自行取货。客户自行到供应商处看货、补货。这种方式多为传统杂货店所采用。客户自行取货虽可省去配送作业这一步骤,但个别取货可能影响物流作业的连贯性。

(7) 业务员跑单。接单业务员至各客户处推销商品,后将订单携回或紧急时以电话先联络公司通知客户订单。这种方式订货数量难以准确确定,且容易造成商品管理的混乱。

2. 电子订单处理方法

电子订单处理方法是指配送中心借助计算机信息处理系统,将订货信息转为电子信息借由通信网络传送订单的一种订货方式。

(1) 订货簿或货架标签配合手持终端机及扫描器。订货人员携带订货簿及手持终端机巡视货架,若发现货物缺货,则用扫描器扫描订货簿或货架上的货物标签,再输入订货数量。当所有订货资料皆输入完毕后,再利用数据机将订货信息传给供应商或总公司。

(2) POS 订货。客户若有 POS 机,则可在货物存档里设定安全存量,每销售一笔货物后,计算机自动扣除该货物库存,当库存低于安全存量时,便自动产生订货资料,将此订货资料确认后即可通过电信网络传给总公司或供应商。也有的客户将每日 POS 资料传给总公司,总公司将 POS 销售资料与库存资料对比后,根据采购计划向供应商下单。

(3) 订货应用系统。客户信息系统里如果有订货处理系统,可将应用系统产生的订货资料,由转换软件转成与供应商约定的共同格式,在约定时间内将资料转送出去。

电子订单处理方式与传统订单处理方式相比,由于其传递速度快、可靠性好、准确性高及运行成本低,将会成为订货信息的主要传递方式。

三、订单处理步骤

订单是配送中心开展配送业务的依据。配送中心接到客户订单以后,需要对其加以处理。

1. 订单处理流程

订单处理流程如图 4-1-1 所示。

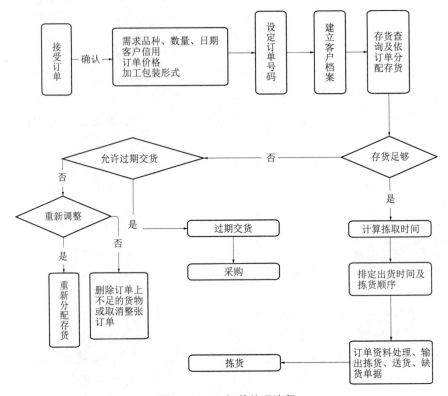

图 4-1-1　订单处理流程

2. 订单内容的检查与确认

（1）检查订货信息的准确性，如订货编号，商品的数量、品种，送货日期是否有遗漏、笔误或不符合公司要求的情况。

（2）客户信誉的确认。不论订单是以何种方式传至公司，配送系统的第一步即要核查客户的财务状况，以确定其是否有能力支付该件订单的货款，其做法多是检查客户的应收货款是否已超过其信用额度。

（3）订货价格确认。不同的客户、不同的订购量，可能有不同的价格，输入价格时系统应加以核验。若输入的价格不符（输入错误或因业务员降价强接单等），系统应加以锁定，以便主管审核。

（4）加工包装确认。客户对于订购的货物，是否有特殊的包装、分装或贴标签等要求，或有关赠品的包装等资料都要详细确认记录。

（5）设定订单号码。每一个订单都要有其单独的订单号码，号码由控制单位或成本单位指定，除了便于计算成本外，还可用于制造、配送等一切有关工作，且所有工作说明单及进度报告单均应附此号码。

（6）建立客户档案。将客户状况详细记录，不但能让此次交易更易进行，且有益于今后合作机会的增加。客户档案应包含订单处理用到的及与物流作业相关的资料，包括客户姓名、代号、等级型态、客户信用额度、客户销售付款及折扣率的条件、开发或负责此客户的业务员、客户配送区域、客户点配送路径顺序、客户点适合的车辆类型、客户点下货特性、客户配送要求、过期订单处理指示等。

（7）存货查询及依订单分配存货。输入客户订货货物的名称、代号后，系统会核查存货档的相关资料，查询此货物是否缺货。如果缺货，则提供货物资料或是此缺货货物已采购但未入库等信息，这些便于接单人员与客户协调是否该改订替代品或是允许延后出货等，以提高接单率及接单处理效率。

订单资料输入系统确认无误后，最主要的作业是如何将大量的订货资料，做最有效的汇总分类，调拨库存，以便后续的物流作业能有效地进行。存货的分配模式可分为单一订单分配及批次分配两种。

单一订单分配多为线上即时分配，也就是在输入订单资料时，就将存货分配给该订单。

累积汇总订单资料输入后，再一次分配库存。由于物流中心因订单数量多，客户类型等级多，且多为每天固定配送次数，因此，通常采用批次分配以确保库存能作最佳的分配。

采用批次分配时，要注意订单的分配原则，即批次的划分方法。作业的不同，各物流中心的分批原则也可能不同。总而言之，有按接单时序、按配送区域路径、按流通加工要求、按车辆要求等几种划分方法。

如果配送货物要用特殊的配送车辆（如低温车、冷冻车、冷藏车）或客户所在地、下货有特殊要求，则可以汇总合并处理。

然而，如果以批次分配选定参与分配的订单后，若这些订单的某商品总出货量大于可分配的库存量，则可依以下4个原则来决定客户分配的优先性：①具有特殊优先权者优先分配；②订单交易量或交易金额大者优先分配；③对公司贡献大的订单优先分配；④客户信用状况较好的客户订单优先分配。

（8）计算拣取的标准时间。由于要有计划地安排出货时间，因此，对于每一订单或每批订单可能花费的拣取时间要事先掌握，要计算订单拣取的标准时间。

首先，计算每一单元的拣取标准时间，且将它设定于计算机记录标准时间档，将此个别单元的拣取时间记录下来，则不论数量多少，都很容易推导出整个标准时间。

其次，有了单元的拣取标准时间后，即可依每品项订购数量（多少单元）再配合每品项的寻找时间，计算出每品项拣取的标准时间。

最后，根据每一订单或每批订单的订货品项及考虑一些纸上作业的时间，计算出整张或整批订单的拣取标准时间。

（9）依订单排定出货时程及拣货顺序。前面根据存货状况进行了存货的分配，但对于这些已分配存货的订单，应如何安排出货时间及拣货先后顺序，通常会再依客户需求、拣取标准时间及内部工作负荷来拟定。

（10）分配后存货不足的处理。如果现有存货数量无法满足客户需求，客户又不愿用替代品替代时，则应按照客户意愿与公司政策来决定应对方式，现将方式归纳如下：

①重新调整。若客户不允许过期交货，而公司也不希望失去此客户的订单，则有必要重新调整分配订单。

②补送。若客户允许不足额的订货等待有货时再予以补送，且公司政策也允许，则采用补送方式；若客户允许不足额的订货或整张订单留待下一次订单一起配送，则采用补送

处理。

③删除不足额订单。若客户允许不足额订单可等待有货时再予以补送,但公司政策并不希望分批出货,则只好删除不足额订单;如果客户不允许过期交货,且公司也无法重新调整,则可考虑删除不足额订单。

④延迟交货。一是有时限延迟交货,即客户允许一段时间的过期交货,且希望所有订单一起配送;二是无时限延迟交货,即不论需要等多久,客户都允许过期交货,且希望所有货物一起送达,则等待所有货物到齐后再出货。对于这种将整张订单延后配送的,也应将这些顺延的订单记录归档。

⑤取消订单。若客户希望所有订单一起配送到达,且不允许过期交货,而公司也无法重新调整时,则只有将整张订单取消。

3. 订单资料输出

订单资料经上述处理后,即可开始打印一些出货单据,以展开后续的物流作业。

(1) 拣货单(出库单)。拣货单的打印应考虑货物储位,依据储位前后相关顺序打印,以减少人员重复往返取货。同时,拣货数量和单位也要详细确认标示。

(2) 送货单中的货物交货配送时,通常附上送货单据给客户清点签收。因为送货单主要是给客户签收、确认的出货资料,其正确性及明确性很重要。要确保送货单上的资料与实际送货资料相符,除了出货前清点外,出货单据的打印时间及对于一些订单异动情形,缺货品项或缺货数量等也需打印注明。

(3) 缺货资料库存分配后,对于缺货的货物或缺货的订单资料,系统应该提供查询报表打印功能,以便工作人员处理。库存缺货货物,应提供依货物或供应商查询的缺货货物资料,以提醒采购人员紧急采购;缺货订单,应提供可供客户或外务员查询的缺货订单资料,以便处理。

四、订单处理作业的管理

订单处理过程涉及电子商务物流企业与客户之间的诸多活动。订单处理作业的管理是指从客户订单到拣货前准备之间的作业阶段,包括接受订货、确认订单、设定订单号码、建立客户档案、分配存货等具体工作环节的管理。

1. 接受订货

接受订货阶段涉及与客户沟通,将客户的订货信息转化为物流信息。因此,该阶段的作业管理人员必须对配送作业中涉及的术语、工作权限、流程等非常清楚。

2. 确认订单

订单上的订货资料已经输入系统,而且所有需要确认的条件都已经核查处理完毕,则此订货资料即为配送中心已接受的客户的出货资料,其中包括物品项目、数量、单价、交易配送条件等,配送中心要以此资料作为出货依据,并尽可能按照约定的条件完成出货。

当输入的项目发生错误时,若与业务形态有关,则一定要停止当前的处理,改正相应的错误。必须对每一项订单做出完结处理,不能影响下一步的工作。

3. 设定订单号码

订单号码具有预算、计划、分析和期末处理等功能。因此,合理编制定单号码不仅可以简化作业流程，而且可以强化其对具体工作的监督。

通过订单号码，可以调用建立的订单资料档案，进行整理、分析。例如，宏观层面上可以分析订单状态明细表、未出货订单明细表、缺货订单明细表、未取款订单、未结账订单。通过订单号码可以分析出物品销售量、每种物品的市场销售情况、客户等级、每位客户的订货特点、订单处理过程中每个环节的情况。

4. 建立客户档案

高效科学的客户关系管理，可以把企业的注意力集中在客户身上，使企业能够最大限度地利用其以客户为中心的资源，从而提高客户满意度、忠诚度、提高企业的盈利能力。

除一般性的客户资料外，与物流有关或在订单处理中需用到的特殊资料也应该包括在内。

（1）建立配送区域。

基于地理性或相关性，将客户按不同区域分类。

例如：大分类——市内、郊区、长途；

中分类——南城、北城、东城、西城等；

小分类——A区、B区等。

（2）建立配送路径顺序。

按街道路线、客户位置等因素，将不同客户分配各自适当的配送路径顺序。

（3）建立车辆类型。

客户所在地点的街道有车辆大小限制，应将适合该客户的车辆类型放在资料文件中。

（4）建立卸货环境特性。

客户所在地点或客户卸货位置环境，由于建筑物本身或周围环境的特别限制（如地下室有限高或高楼层），可能造成卸货时有不同的要求，必须考虑车辆及工具的调度情况。

（5）建立配送要求。

客户对于送货时间有特定要求，或有协助上架、贴标等要求时，也应在资料文件中注明。

（6）建立客户等级。

（7）建立客户类型。

（8）建立信用级别。

5. 分配存货

（1）参与分配订单的范围。

如果订单是按正常步骤进行操作的，那么整个处理过程会按照事先设定的流程进行，并准时出货，但是在现实中常常会发生一些意想不到的情况，导致一些订单处理无法按正常步骤进行。因此，在分配订单时，应考虑这些因故未能按时出货的订单是否继续参与分配。

①延迟交货订单。因缺货而顺延的订单，现在是否已有库存。若有库存，是否参与分配，完成出货。

②前次已参与分配的未出货订单。对于已经参与了库存分配，却因故未出货的订单，是否重新分配库存。

③缺货补送订单。对于客户前一张订单上的缺货物品，这次是否已有库存，这些缺货资料是否参与分配，以便补送出货。

④解除锁定订单。在订单资料输入后进行核查及确认处理的作业环节中，因某些条件不符而被锁定的资料，事后经再次审核通过，解除锁定的订单资料是否参与当次库存分配。

⑤远期订单。对于一些还未到交货期限的订单，系统应自动追踪其交货日期，以便在交货日自动将其纳入参与分配范围、做到按时交货。

（2）多仓/多储位/多批号的库存分配选择。

若物品存放地点有多个仓库、多个储位或多个批号，则在分配库存时应该考虑如何选择适当的出货仓库、出货批号、出货储位，以便达到适时（选择离客户最近的仓库出货）、适品（即批号或储位的选择，做到先进先出）的配送。

五、订单处理作业的分析指标

1. 在订单处理过程中应遵循的基本原则

（1）要使客户产生信赖感。

客户订货的基础是产生信赖感。订单处理人员每次接到订单后，在处理过程中都要认识到，如果这次处理不当将会影响下次订货。尤其在工业品购买中，要明确订单处理工作是开展客户经营的重要组成部分，两者有密不可分的联系，要通过订单处理建立客户对产品和服务的信任感和认同感。

（2）尽量缩短订货周期。

订货周期是指从发出订单到收到货物所需的全部时间。订货周期的长短取决于订单传递的时间、订单处理的时间以及货物的运输时间的长短。这三方面都是订单处理的内容。尽量缩短订货周期可以大大减少客户的时间成本。提高客户获得的让渡价值，是保证客户满意的重要条件。

（3）提供紧急订货。

在目前以客户需求为导向的市场机制下，强调为客户服务，在紧要关头提供亟需的服务，是与客户建立长期相互依赖关系的极为重要的手段。

（4）减少缺货现象。

保持客户连续订货的关键之一是减少缺货现象的发生，工业原料和各种零件一旦缺货，会影响客户的整个生产安排，后果极为严重。此外，缺货现象是客户转向其他供货来源的主要原因，企业要想尽量地扩大市场，保持充足的供货是一个必要的前提条件。

（5）不忽略小客户。

小客户的订货量虽少，但也存在大批订货的可能性，而且即使是大客户也有小批量订货的时候。对小客户的订单处理得当将提高其满意度，可能带来以后的大批量订购或持续订购。最重要的是，客户与企业建立了稳定而信任的供销关系，将为以后继续订购打下良好的基础。因此，要在成本目标允许的范围内，尽量做出令小客户满意的安排。

（6）装配力求完整。

企业所提供的货物应尽量做到装配完整，以便于客户使用为原则。实在办不到时，也应采取便于客户自行装配的措施，如适当的说明及图示等，或通过网络提供技术支持。

（7）提供对客户有利的包装。

针对不同客户的货物应采用不同包装，有些零售货物的配装要适于在货架上摆放，有些则要适于经销商及厂商开展促销活动。总之，应以便于客户处理为原则。

(8) 要随时提供订单处理的情况。

物流部门要使客户能够随时了解配货发运的进程,以便预计何时到货,便于安排使用或销售。这方面的信息是巩固客户关系的重要手段,也利于企业本身工作检查的开展。在暂时缺货的情况下,物流部门应主动及时地告知客户有关情况,做出适当的道歉与赔偿,以缓解客户的焦虑和不满。

2. 影响订单处理时间的因素

整个订单处理过程中,每一要素都可能会影响订单处理的时间。因此,掌握影响订单处理时间的因素,从而采取相应的措施,能够显著提高订单处理的效率和客户服务水平。常见的影响因素有以下几种:

(1) 订单处理系统的技术水平。

采用的技术是否先进、合理,在很大程度上决定了订单处理速度的快慢。

例如,在订单处理系统中,传送订单信息所需的时间会因所选用的传送方式不同而差异很大。销售人员搜集、拣选订单后经邮寄传送所花费的时间可能最长,而各种形式的电子信息传输方法,如电话、电子数据交换、卫星通信等,则是最快捷的。

又如,条码扫描技术对于准确、快速,低成本地录入订单信息尤为重要。与利用计算机键盘录入数据相比,条码扫描技术有明显的优越性。这也正是条码技术在零售、制造和服务行业应用日益广泛的原因。

(2) 处理订单的先后顺序。

按照订单收到的先后次序进行处理似乎对所有的客户更加公平,但它却可能延长订单的平均处理时间。当订单处理工作繁忙的时候,订单处理工作人员可能会先处理订货量小、相对简单的订单,而那些订货量较大的订单则被压到最后才处理,但这些大订单往往能为企业带来更多的利润。因此,从企业自身角度出发,应该把有限的时间、生产能力以及人力资源配置到更有利可图的订单上,让享有优先级的订单被优先处理,对其他订单则稍后处理。

(3) 并行处理与顺序处理。

仔细安排订单处理流程中的各项工作,能明显缩短订单处理的时间。如果完全依次完成各项工作,订单处理时间是最长的,若几项工作同时进行,则总的订单处理时间就会缩短。

若仅仅做一个微小的改动,即将一份订单复制多份,销售人员在查看其中一份副本的同时可以进行订单信息转录和客户信用核查(并行处理)工作,从而缩短订单处理时间。

(4) 订单履行的准确度。

如果企业能够准确无误地完成客户订单的处理过程,不发生任何错误,那么订单处理时间很有可能是最短的。尽管错误可能在所难免,但如果企业将订单处理时间看成是经营管理的首要因素,就应该严格控制出错的次数。

(5) 订单的批处理。

在订单处理过程中,有不少企业把订单收集成组,达到一定规模后进行批处理,这样可以大幅度降低订单处理成本。但是,握有订单直至达到其一定批量时再处理,会增加订单的处理时间,尤其先收到的订单,其等待的时间最长。

思考题

1. 什么是订单处理?
2. 简述订单处理的步骤。
3. 订单处理过程中,应遵循的基本原则有哪些?

实训 4-1 订单处理实训

实训目标

能够根据客户订货要求,完成订单处理作业流程。

实训内容

(1) 制作订单。

(2) 需求品种数量及日期确认。

(3) 订货价格确认。

(4) 客户信用确认。

(5) 加工包装确认。

(6) 设定订单号码。

(7) 建立客户档案。

(8) 存货查询及按订单分配存货。

环境要求

本实训要求安排在模拟实训室中进行,实训室应能容纳 40 人进行手工作业,需准备多媒体投影仪 1 台、屏幕 1 块、白板 1 块。

情景描述

2019 年 8 月 20 日 9:00,某公司订单部收到接单部转过来的沈阳大润发有限公司发传真一份,其内容见表 4-1-1。

表 4-1-1 沈阳大润发有限公司传真

沈阳市北京路 129 号;电话:268××88;传真:020××00; 税务登记号:3302×××60220; 开户银行及账号:建行支农大街支行 3930×××003650			沈阳大润发有限公司
收件人	王经理	发件人	刘婷
传真	020483210000	页数	1
电话	26858886	日期	8/20/2019
订货要求	U 盘;耳机;音箱	抄送	

□紧急   □请审阅   □请批注   □请答复   □请传阅

①U 盘,E5828(16 G),灰色,10 个。

②耳机,蓝魔 T 8,白色,1 个。

③音箱，无线蓝牙 R101，黑色，2 台。

所有商品外包装贴上价格标签，价格标签上的价格按库存价格的 10% 加价处理。

送货时间：8 月 21 日 14：00 – 15：00 送达。

实训道具

实训用资料表（空白表）若干、笔、计算器、传真机、电话等。

工作流程

制作订单→需求品种数量及日期确认→订单价格确认→客户信用确认→加工包装确认→设定订单号码→建立客户档案→存货查询及按订单分配存货。

操作步骤

（1）根据任务资料制作订单。

（2）确认订单中货品名称、数量、送货日期等内容。

（3）订货价格确认。

（4）填写客户信用额度表。

（5）确认订单中关于特殊包装、分类或贴标等要求，或是有关赠品的包装等资料是否详细记录。

（6）设定订单号码（订单号设定规则如下：PSDD——配送中心名字；20190820——接到订单的年月日；0010——一天中的第 10 笔订单）。

（7）建立客户档案表。

（8）按订单分配库存货物，更新库存记录表。

实训报告

学生根据订单处理实训，记录实训中出现的问题和未能完成实训的影响因素，归纳订单处理需要注意的事项，形成书面的实训报告。

任务二 拣货作业

任务目标

拣货作业是配送中心的核心环节,相当于人的心脏,其信息来源是订单处理作业。拣货作业的目的是能够正确而迅速地集合客户所订购的货物。

本任务可以使学生掌握拣货作业的基本流程,运用所学习的知识选择合适的拣货方式和设备,缩短拣货作业的时间,提高拣货作业的速度和能力。

2014年,中国物料搬运设备制造行业年收入2 000万元以上的企业有1 580家,从业人员超过40万人;行业实现销售收入达4 723.47亿元,工业总产值达4 712.23亿元,利润总额达341.50亿元,年均复合增长率均超过20%。随着生产规模的扩大,自动化程度的提高,物流搬运设备制造行业在现代化生产过程中的应用将越来越广,作用将越来越大。

案例引入

鲸仓——高密度、低成本的智能仓

从仓储环节来看,由于传统的仓储方式效率低、成本高,且人工操作出错率高,与跨境电子商务未来发展的方向相悖,因此,高密度、低成本的智能仓——鲸仓应运而生。

鲸仓的技术原理是驱动货物向拣选面流转,当订单中的货物到达拣选口时,系统将自动识别,此时,设备自动停止运转并亮黄灯提示。当黄灯亮时,拣货员即可到相应的货位上拣货。这类似于回转式货架,不过选择了矩形回转而非圆形回转,支持边进边出,更适合多SKU、海量订单并发的电商仓场景。

通过这个技术,鲸仓可以通过增加仓库的利用率,将占比达50%的房租成本压缩到10%,产生40%的降本效益。鲸仓解决方案的核心是利用高空及通道空间,提高仓库的库容率,与传统存储方式相比,同样是面积为1 000平方米的仓库,储存密度可以达到过去的8倍。

电子商务客户只需要按照服务结果(订单)来付费。鲸仓的定位更像第三方托管仓,买家用租金换取鲸仓设备。例如,若某个商家有10 000平方米的仓库需求,则会产生每月约30万元的仓库租金预算,商家需要做的是把这30万元的租金预算交给鲸仓,而鲸仓将为其定制一个具备同样储存能力的自动仓。

目前,跨境电子商务行业内的大商家(如浩方集团、环球易购、唯品会等)都已与鲸仓建立了深度合作,且效果明显。

那么,如何根据货物的属性及配送特点,选择合适的拣货方式呢?如何在拣货作业中确保货物数量和品种的正确率呢?下面将介绍拣货作业的相关内容。

一、拣货作业概述

拣货作业是配送中心的核心工作环节。拣货作业是指根据客户的订货要求和配送中心的工作计划,将货品从存储区或者其他区域拣取出来的作业过程。拣货作业的工作量较大,工艺也比较复杂,而且要根据客户订单的要求进行准确高效的作业。采用科学的拣选方式,提高拣选作业的工作效率,是配送作业中的关键环节。

二、合理的拣货流程

拣货作业包括生成拣货单、行走和搬运、拣取、分类和集中四个部分,其流程如图4-2-1所示。

图 4-2-1 拣货作业流程

1. 生成拣货单

根据客户订单要求和配送中心的工作计划的安排,形成拣货单。目前,配送中心为了提高拣货工作效率,根据送货的要求、储存的位置等情况,先将客户订单进行统一处理,形成拣货单或者电子拣货信号,然后再指导拣货员或自动拣货设备进行拣货作业。拣货单如图4-2-2所示。

波次拣货单

第1页

波次单号:CCW1907100000085   订单数:12   云集订总波次

序号	商品条码	商品名称	库位码	分货信息	曝品分单	合计数量
1	6949602318417	贝舒乐柔芯舒薄纸尿裤 拉拉裤(2包装)	CCA-02-021	6[1],		1
2	6949602317373	贝舒乐婴儿手口柔湿巾 8包560抽	CCA-02-035	5[1],		1
3	6971063860198	索野竹萃净澈两部曲白色面膜	CCA-03-043	4[2],		2
4	8809378324266	Paparecipe春雨果蔬白色卸妆调理面膜	CCA-04-015	8[1],		1
5	20180619	珀莱雅水净颜舒缓卸妆水30ml	CCA-04-019	2[2],		2
6	6936000901655	阿道夫轻柔丝滑洗发乳液(赠品)	CCA-04-025	9[8], 11[8],		16
7	6971063860457	索野多肽拉紧紧致致赋活眼霜	CCA-04-032	3[1],		1
8	6971063860464	多肽拉笔提拉面膜	CCA-04-054	10[2],		2
9	6936000902720	阿道夫轻柔丝滑洗发乳液赠品	CCA-05-030	9[1], 11[1],		2
10	6948043428792	珀莱雅水漾芯肌透润水(清润型)	CCA-05-058	2[1],		1
11	6936000900290	阿道夫精油沐浴露原液(魅力经典人)	CCA-05-059	9[2], 11[2],		4
12	6971063860143	索野水润轻透防晒霜	CCA-05-059	4[2], 9[2], 12[2],		6
13	6971063860488	索野活颜调理酵粹水	CCA-06-025	12[2],		2
14	6971328377812	后辰姜艾玫焕活温润多效修护霜100g/支(带按摩头)+普换装100g(无按摩头)	CCA-06-032	3[2],		2
15	6971328377775	后辰姜艾玫焕活温润多效修护霜100g/支(带按摩头)	CCA-06-034	3[2],		2

图 4-2-2 拣货单

2. 行走和搬运

拣货作业时,拣货和拣货设备需要接触并拿取到货物,所以需要有行走和搬运的过程。通过缩短行走和搬运的距离可以提高配送中心的工作效率。目前,采用两种方式:一种是人到货物的方式,另一种是货物到人的方式。人到货物的方式是比较传统的方式,货物是静止的,拣货人通过步行或者乘坐拣货车辆等方式到达货物的储存位置。货物到人的方式是目前比较先进的方式,货物是动态的,拣货员是静止的,通过自动化仓储设备和信息系统,货位可以自动到达拣货员,拣货员根据拣货单拣取货物的过程。亚马逊目前采用的就是货物到人的方式完成行走和搬运的。

3. 拣取

当货物出现在拣货员面前时,拣货员需要完成对货物的拣取和确认两项工作。拣货员需要根据拣货单的货物品种和数量进行拣取。为了确保这项作业的准确性,目前,配送中心多数是利用无线传输终端机读取条码后,再由计算机进行确认的。对于体积小、批量少、重量在人力范围内的货物,采用手工方式拣取;对于体积大、重量大的货物,采用叉车等搬运设备辅助完成拣取作业;对于出货频率较高的货物,采用自动化分拣设备进行拣取。

4. 分类和集中

配送中心收到多个客户的订单后,为提高工作效率,可以对货物进行批量拣取。根据客户送货路线规划情况和流通加工的需要,进行统筹安排,形成规模效应,提高工作的准确性。对于体积小、重量轻的货物,可以采取人工分货方式,也可以利用自动分货机自动将拣取的货物进行分类和集中。当分类和集中作业完成时,对货物进行核对与包装后,就可以出货、装车、送货了。分类和集中作业如图 4-2-3 所示。

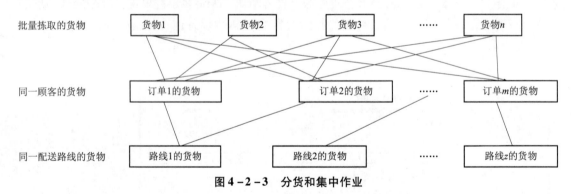

图 4-2-3 分货和集中作业

三、拣货方式

拣货方式一般分为三种,即按订单拣取、批量拣取与复合拣取。

1. 按订单拣取

按订单拣取又称"摘果法""拣取式",是指按照客户订单上货物的种类和数量的要求,将客户的货物逐一从存储位置或者其他区域取出的拣货方式。这种拣取方式适合客户不稳定,客户间的共同需求差异较大,客户需求种类较多,配送要求差异较大的情况。

2. 批量拣取

批量拣取又称"播种法""分货式",是指把多张订单集中在一个批次,对货物的品种进行汇总后进行统一拣取,然后再按照客户订单进行分类处理。这种拣取方式适合客户数量较多,比较稳定,客户间货物需求品种较少,且有很多是相同品种货物的情况。

3. 复合拣取

复合拣取是将按订单拣取和批量拣取组合起来的拣货方式。根据客户订单货物的品种、数量以及出库频率等来确定一部分货物采用按订单拣取的方式,一部分采用批量拣取的方式。

四、计算机辅助拣货系统

物流系统是由物流作业系统和物流信息系统两个分系统组成的。物流作业系统主要包括运输子系统、存储子系统、装卸搬运子系统、包装子系统、配送子系统等作业系统。为了提高工作效率,配送中心在拣货作业环节也采用了计算机网络系统进行支撑。目前,配送中心在拣货作业环节应用现代物流技术主要从自动分拣系统、自动化立体仓库、电子标签拣选系统、自动导引搬运装置等方面进行。

1. 自动分拣系统

随着电子商务的崛起,各配送中心的货物种类和数量急剧增加,货物分拣任务繁重,人工分拣已经无法满足实际工作的需要。随着先进的科学技术引入物流系统,特别是感测技术、条码识别及计算机控制技术的应用,自动分拣机(图4-2-4)已被广泛应用于配送中心的拣货作业中,实现了配送中心拣货作业的精准和高效。

图4-2-4 自动分拣机

2. 自动化立体仓库

自动化立体仓库(图4-2-5)是由立体货架、出入库托盘输送机系统、有轨巷道堆垛机、条码阅读系统、计算机管理系统以及其他辅助设备组成的自动化系统。自动化立体仓库的使用,大大节约了仓库用地,降低了人工分拣的强度,减少了差错,提高了配送中心拣货作业的工作效率，可以说它的出现是物流技术一个划时代的革新。

图4-2-5 自动化立体仓库

3. 电子标签拣选系统

电子标签拣选系统为无纸化拣货模式，以一连串装于货架上的电子显示装置（电子标签）取代拣货单，指示应拣取商品及数量，将人脑解放出来，拣货员无须靠记忆拣货，只要根据灯光提示即可准确无误地对货品进行拣选，不同颜色的灯光可以方便多人同时拣货而无须等待，可以方便企业应对订单暴增的情况。电子标签拣选系统与物流信息系统相结合，可以减少拣货员目视寻找的时间，更大幅度地提高了拣货效率。电子标签货架如图4-2-6所示。

图4-2-6 电子标签货架

4. 自动导引搬运装置

自动导引搬运装置（Automated Guided Vehicle，AGV）是指装有自动导引装置，能够沿规定的路径行驶，在车体上还具有编程和停车选择装置、安全保护装置及各种货物移载功能的搬运车辆。

当前最常见的应用如：AGV搬运机器人或AGV小车（图4-2-7），主要功用集中在自动物流搬转运。AGV搬运机器人通过特殊地标导航的引导，自动将物品运输至指定地点，最常见的引导方式有磁条引导、激光引导、磁钉导航、惯性导航。

图 4-2-7 AGV 小车

思考题

1. 什么是拣货作业?
2. 简述拣货作业的流程。
3. 拣货作业的方式有哪些?

实训 4-2　拣货作业实训

实训目标

能够根据客户订单的具体要求选择合适的拣货方式,并完成拣货任务。

实训内容

(1) 使用订单拣取方式拣取货物。
(2) 使用批量拣货方式拣取货物。

环境要求

本实训要求安排在模拟实训室进行,实训室由仓库存货区、拣货区、配货区、信息中心组成。

情景描述

某配送中心接到了来自 3 个不同门店的订单,订单的具体内容见表 4-2-1~表 4-2-3。假如你是配送中心的分拣人员,请根据这 3 个门店的订单制作拣货单并完成拣货任务。

表 4-2-1　门店一的订单

货物代码	货物名称	单位	规格	数量	条形码
31031101	青岛啤酒 640 mL	瓶	1×12	3	6926027711061
31031102	兰得利蓝特爽啤酒 620 mL	瓶	1×12	4	6926027711062
31031103	怡宝纯净水 3 800 mL	瓶	1×12	3	6926027711063

续表

货物代码	货物名称	单位	规格	数量	条形码
31031104	可口可乐 600 mL	瓶	1×12	2	6926027711064
31031105	来一桶酸菜牛肉面 137 g	碗	1×12	7	6926027711065

表 4-2-2 门店二的订单

货物代码	货物名称	单位	规格	数量	条形码
31031106	双船卷纸 500 g	卷	1×10	1	6926027711066
31031102	兰得利蓝特爽啤酒 620 mL	瓶	1×12	2	6926027711062
31031103	怡宝纯净水 3 800 mL	瓶	1×12	7	6926027711063
31031104	可口可乐 600 mL	瓶	1×12	5	6926027711064
31031105	来一桶酸菜牛肉面 137 g	碗	1×12	4	6926027711065
31031107	农心大碗面 117 g	碗	1×12	8	6926027711067

表 4-2-3 门店三的订单

货物代码	货物名称	单位	规格	数量	条形码
31031101	青岛啤酒 640 mL	瓶	1×12	5	6926027711061
31031102	兰得利蓝特爽啤酒 620 mL	瓶	1×12	3	6926027711062
31031104	可口可乐 600 mL	瓶	1×12	5	6926027711064
31031105	来一桶酸菜牛肉面 137 g	碗	1×12	4	6926027711065
31031107	农心大碗面 117 g	碗	1×12	8	6926027711067
31031106	双船卷纸 500 g	卷	1×10	1	6926027711066
31031108	龙口粉丝香辣排骨 63 g	碗	1×12	2	6926027711068

配送中心各区货架储存状况和库区分布如图 4-2-8 所示。

A1 区货架储存状况

31031105 来一桶酸菜牛肉面 137 g（12）	31031107 农心大碗面 117 g（12）	31031108 龙口粉丝香辣排骨 63 g（10）
31031101 青岛啤酒 640 mL（12）	31031104 可口可乐 600 mL（12）	31031106 双船卷纸 500 g（10）

B2 区货架储存状况

31031105 来一桶酸菜牛肉面 137 g（12）	31031107 农心大碗面 117 g（12）	
31031102 兰得利蓝特爽啤酒 620mL（12）	31031103 怡宝纯净水 3 800 mL（12）	31031106 双船卷纸 500 g（10）

| 搬运工具区 | A1区 | B2区 |

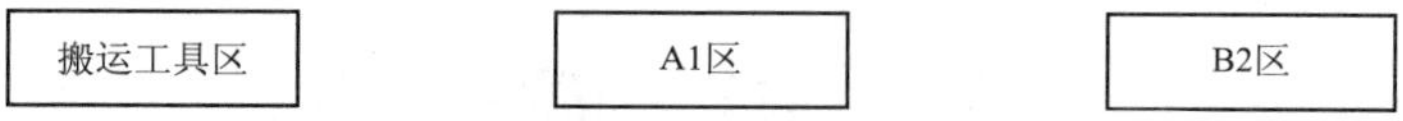

图4-2-8　各区货架储存状况和库区分布

实训道具

轻型货架、手推车、拣选台车、周转箱、散货品、箱包装货品、计算机、条码机、计算器、传真机、电话、纸质单据等。

工作流程

整理分析订单→选择拣选方式→选择拣货路径→制作拣货单→选择拣货设备进行拣货→根据订单进行分类和集中。

操作步骤

（1）整理分析客户订单。

（2）根据订单特性，选择适当的拣货方式。

（3）根据不同的拣货方式以及货物的储存位置，设计拣货路径。

（4）制作拣货单。

（5）选择适当的拣货设备。

（6）拣货作业操作。

（7）根据订单，对货物进行分类和集中。

实训报告

学生根据实训过程和结果并结合相关理论知识，形成书面的实训报告。

任务三　补货和盘点作业

任务目标

补货和盘点作业与配送中心的拣货作业是密切联系的，工作环节是否顺畅，直接决定拣货作业能否正常进行，影响到配送中心的整体工作效率。补货作业的目的是将正确的货物在正确的时间、地点，以正确的数量和最有效的方式送到指定的拣货区，保证拣货区随时有货可拣，能够及时满足客户订货的需求，以提高拣货作业的效率。盘点作业是对存储的货物有计划或有针对性地进行清点，准确掌握存储货物的数量、质量和动态变化情况具有重要的意义。

本任务的学习，可以让学生掌握补货和盘点作业的含义，能够运用所学习的知识选择合适的补货方式和时机，能够根据配送中心的具体情况进行盘点作业及合理地处理盘点结果。

案例引入

某医药配送中心有托盘货架区和托盘就地堆放区两个保管区域，以及一个拆零分拣区域。客户订单处理后，以整箱为单位的货物直接从托盘就地堆放区出货，以件、盒、瓶、管等为单位的货物要从拆零分拣区出货。该配送中心通常每天上午 8∶00 开始拣货、配货，9∶00 准时发车，10∶30 之前送货到客户指定地点，下午处理一些紧急的客户订单与送货。

请思考：此配送中心应选择什么样的补货方式呢？在什么时间进行补货呢？下面将介绍补货作业和盘点作业的相关内容。

一、补货作业的含义和流程

1. 补货作业的含义

根据范围不同，补货的含义也有一定区别。从广义上讲，补货泛指当企业库存量低于最低水平时，及时向供应商或者配送中心发出订货信息，补充库存量，保证货物不断货，以避免由于缺货带来的损失。从狭义上讲，补货作业，是指从保管区将物品移到拣货区域，并作相应信息处理的活动（《物流中心作业通用规范》GB/T22126—2008）。我们这里介绍的补货作业是指狭义补货作业的含义，具体是指配送中心拣货区的存货低于设定标准的情况下，将货物从仓库存储区域搬运到拣货区的作业活动。

补货可分为定时补货和不定时补货。定时补货，是指在非营业高峰期间对货架商品进行补充；不定时补货，是指只要货架上商品即将出完，就立即进行补货。

2. 补货作业的流程

（1）先到拣货区计算货物的缺货情况，按照从左至右、从上至下的顺序依次记录缺货货物的品种和数量，或从计算机系统中查询订单与存货信息来计算缺货货物的品种和数量。

(2)推小货车到库存区。根据统计的缺货货物情况,核查库存区是否有货。根据需要补货货物的品种和数量,将货物用小货车推至拣货区。

(3)补货前,首先,需确认货架是否清洁,若货架卫生状况不好,则需先清洁货架,然后再进行补货。

(4)补货时,若发现货架上有品质不好或残损的货物,则需第一时间下架,并及时报告上级主管进行处理;同时,补货时要注意货架清洁,保证货物的干净整齐。

(5)补货后,后补的货物需与第一个货物保持一条直线,以保证排面美观。

(6)补货完毕须将补货区清理干净。

以箱为单位的补货作业流程如图4-3-1所示。

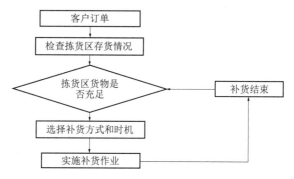

图4-3-1 以箱为单位的补货作业流程

二、补货作业方式

由于补货作业直接影响拣货作业的效率,因此,需要精心安排,不仅要确保存量足够,而且要将货物放置于便于存取的位置。按照补货时物品移动的特性分类,补货作业可分为整箱补货、整托盘补货和货架之间的补货三种方式。

1. 整箱补货

整箱补货方式是以箱为单位,用小推车将货物从货架存货区移动到拣货区的补货方式,比较适合体积小且少量多样出货的货物,如图4-3-2所示。

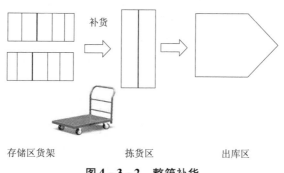

图4-3-2 整箱补货

2. 整托盘补货

整托盘补货方式是以托盘为单位进行补货。根据补货的位置不同,整托盘补货又分为两种情况：一种是地板至地板，另一种是地板至货架。

（1）地板至地板的整托盘补货。

如图4-3-3所示，这种补货方式存储区为以托盘为单位地板平置堆叠存放，拣货区也为以托盘为单位地板平置堆叠存放。不同之处在于，存储区的面积较大，存放货物量较多，而拣货区的面积较小，存放物品量较少。拣取时，拣货员在拣货区拣取托盘上的货箱，放至中央输送机上或者使用叉车将托盘整个送至发货区。如果拣取后发现拣货区的存货低于标准，则要进行补货动作。

这种补货方式适合体积大或者出货量较多的货物，其补货方式是作业员用叉车以托盘为单位，将货物从存储区搬运至拣货区。

图4-3-3　地板至地板的整托盘补货

（2）地板至货架的整托盘补货。

如图4-3-4所示，存储区是以托盘为单位地板平置堆叠存放，拣货区则为托盘货架存放。作业人员使用叉车从地板平置堆叠的存储区搬运托盘，送至拣货区托盘货架上存放，比较适合体积中等或中量（以箱为单位）出货的货物。

图4-3-4　地板至货架的整托盘补货

3. 货架之间的补货

如图4-3-5所示，货物的存储区与拣货区属于同一货架，即将货架上的两手方便拿取之处（中下层）作为拣货区，不容易拿取之处（上层）作为存储区。进货时，将拣货区放不下的多余货箱放至上层存储区。对拣货区的货物进行拣货，而当拣货区的存货低于标准则可利用叉车将上层存储区的货物搬至下层拣货区补货。货架之间的补货方式比较适合体积不大，每个品项存货量不高，且出货多属中小量（以箱为单位）的货物。苏宁采用的就是这种货架间补货的方式。

图 4-3-5 货架之间的补货

三、补货作业时机的确定

补货作业的发生与否应视拣货区的货量是否符合需求而定,因此,究竟何时需检查拣货区存量,何时需将存储区的货补至拣货区,以避免拣货中途才发觉拣货区的货量不够,还要临时补货,影响整个出货时间。掌握补货时机有以下 3 种方式,至于该选用哪种,应视配送中心的决策方向而定。

1. 批次补货

批次补货是指每天或每一批次拣取前,由计算机计算所需货物的总拣取量,再相对查看拣货区的货物量,于拣取前某一特定时点补足货物。此为"一次补足"的补货原则,较适合一日内作业量变化不大,紧急插单不多,或是每批次拣取量事先能够掌握的情况。

2. 定时补货

定时补货是指将每天划分为数个时点,补货人员于时段内检查拣货区货架上的货物存量,若不足则马上将货架补满。此为"定时补足"的补货原则,较适合分批拣货时间固定,且处理紧急时间也固定的配送中心。

3. 随机补货

随机补货是指指定专门的补货人员,随时巡视拣货区的物品存量,有不足则随时补货的方式。此为"不定时补足"的补货原则,较适合用于每批次拣取量不大,紧急插单多以至于一日内作业量不易事前掌握的情况。

四、盘点作业的含义和目的

盘点作业是对仓库储存货物按预定计划或有针对性地进行清点,对于准确了解和掌握储存物的数量、质量、动态变化有重要意义。

1. 盘点作业的含义

货物因不断的进出库,在长期的累积下,库存账面数量容易与实际数量产生不符。有些货物因存放时间过久、储存措施不恰当,导致变质、丢失等,造成损失。为了有效地控制货物数量而对存储场所清点库存数量的作业,称为盘点作业。

盘点作业是业务流程比较复杂的作业活动。它不仅要求系统的处理方式要灵活方便,而且要求各个部门协调配合。在实务操作方面,盘点作业之前,必须要求客户把当月的单据全部结清,盘点期间避免出现货物出入库。若入库单滞后,则要求业务主管检查各种单据是否处理完毕。同时,要求采购部,销售部和存货控制部在盘点前合理安排业务,盘点过程中,应尽可能避免或者尽量少出现新的出入库作业。

2. 盘点作业的目的

(1) 确保各项货物的安全与完好。

(2) 挖掘作业潜力,提高仓库利用率。

(3) 确保库存记录的真实性。

(4) 有利于了解配送中心有关货物储存的各项制度的执行情况。

五、盘点作业的内容和方法

1. 盘点作业的内容

(1) 检查货物的账面数量与实存数量是否相符。

(2) 检查货物的堆放及维护情况。

(3) 检查货物有无积压、损坏变质的现象。

(4) 检查货物的收发情况,以及有无按先进先出的原则发放货物。

(5) 检查对不合格品及废旧品的处理情况。

(6) 检查安全设施及安全情况。

2. 盘点作业的方法

正如账面库存与实际库存一样,盘点分为账面盘点和现货盘点。所谓"账面盘点",又称"虚盘",就是把每天入库及出库货物的数量及单价,记录在计算机或账簿上,然后不断地累计、加总,计算账面上的库存量及库存金额;而"现货盘点"又称"实地盘点"或"实盘",即实地去清点调查仓库内的库存数,再根据货物单价计算实际库存金额的方法。

因此,要得到正确的库存情况并确保盘点无误,最直接的方法就是看账面盘点与现货盘点的结果是否完全一致。一旦存在差异,即"料账不符",就要检查究竟是账面盘点出了错误,还是现货盘点错误,这样才能得出正确结果并决定责任归属。

(1) 账面盘点。

账面盘点即把每天入库及出库的货物的数量及单价,记录在存货账面上,而后不断地累计、加总,算出账面上的库存量及库存金额。账面盘点方法适合于量少且单价高的货物,其记载形式见表4-3-1。

表4-3-1 货物总账记载形式

品名:											
请购点:						经济订购量:					
日期		订购		入库			出库		现存		附注
月	日	数量	请购单	数量	单价	金额	数量	金额	数量	金额	

(2) 现货盘点。

按时间频率的不同，现货盘点又可分为期末盘点法和循环盘点法。

期末盘点法是对储存保管的全部在库货物，不论是否有出入动态，全部进行盘点清查。通常用于清仓查库或年终盘点。这种方法工作量大，检查内容多，有时还须关闭仓库，以避免和减少盘点中的混乱与疏漏。

循环盘点法是将每天或每周当作一个周期来盘点，通常是对价值高或重要的货物进行盘点。因此，货物应按其重要程度科学地分类，对重要的货物进行重要管理，防止出现差错。在一个循环周期内，每种货物应至少清点一次。

六、盘点结果的处理

盘点落实货物出入库及保管情况，了解问题所在，解决在库存货物时出现的盈亏问题。

1. 盘点出现盈亏的原因分析

(1) 货物入库登记账卡时看错数字。

(2) 运转途中发生的损耗在入库检查中未被发现。

(3) 盘点时计算有误，或计算方法不符。

(4) 由货物本身的情况而产生的自然损耗。

(5) 因气候或温湿度影响而发生腐蚀、硬化、变质、生锈、发霉等现象，导致货物失去原有使用价值而发生数量短缺。

(6) 液体货物容器破损而损耗。

(7) 包装或分割出库时发生错误使数量短缺。

(8) 衡器、量具不准或使用方法不当引起数量错误。

2. 盘点后出现问题的处理

(1) 盘点后出现盈亏的处理。

发生盈亏的原因查清之后，要寻找处理办法，并及时办理调整货物账卡的手续，使实物、账、卡均相符。货物盘点盈亏调整见表4-3-2。

表4-3-2 货物盘点盈亏调整

货物编号	货物名称	单位	账面数量	实存数量	单价	盘盈		盘亏		备注
						数量	金额	数量	金额	

(2) 积压货物和废旧货物的处理。

积压货物是指企业不需要或不对路的货物，或已过时被淘汰的货物。废旧货物是指已完全失去使用价值的货物。对于保管期过长、长期积滞的积压货物，可采取降价出售、与其他企业调换方式等；对于废旧货物应报经批准，尽早报废处理，这对于改善流动资金结构和加速其周转期具有重要意义。

思考题

1. 什么是补货作业？什么是盘点作业？

2. 简述补货作业的流程。
3. 补货作业的方式有哪些？应如何确定补货时机？
4. 盘点作业的方法有哪些？

实训 4-3　补货作业实训

实训目标

（1）能够合理选择补货时机，确定补货数量。

（2）能够选择合理的补货方式完成补货作业流程。

实训内容

（1）选择补货时机。

（2）选择补货方式。

（3）制作补货单。

（4）实施补货作业。

环境要求

本实训要求安排在模拟实训室进行，实训室要有货架、托盘、拣货搬运设备、条码打印设备、货物周转箱及各种类型的货物。实训室由存储区、暂存区和拣货区组成。计算机若干台，并形成局域网，有一些基础的客户订单信息、仓库存货信息等数据资料。

情景描述

宁波嘉和物流配送中心是一家专门为连锁超市和门店提供日用品、食品、百货和生鲜配送服务的综合型物流公司。该公司拥有轻型货架仓库10 000平方米，重型货架仓库12 000平方米，自动化立体仓库5 000平方米，拣货作业平台30个，拣货作业区域面积6 000平方米。

要求：根据客户订单信息和配送中心拣货区存货信息及时进行补货作业。要求分别运用整箱补货、整托盘补货和货架之间的补货3种补货方式；分别运用批次补货、定时补货和随机补货3种补货时机。

客户订单信息和拣货区存货信息资料见表4-3-3~表4-3-6。

表4-3-3　客户订单信息和拣货区存货信息资料（一）

订单流水号：2019070101　　　　　　　　　　　　　　　　　　　　订单处理员：王伟

订购日期	2019年7月1日	送货日期	2019年7月4日
客户名称	嘉和北京路卖场	联系人	王小霞
客户电话	88888888	客户地址	宁波北区北京路
包装要求		订单类别	已处理订单
客户ID		订单号	
订购货物			
货物名称	单位	数量	货物名称	单位	数量
康师傅牛肉面	箱	10	桂圆莲子八宝粥	箱	2

续表

订购日期	2019年7月1日	送货日期	2019年7月4日
客户名称	嘉和北京路卖场	联系人	王小霞
客户电话	88888888	客户地址	宁波北区北京路
包装要求		订单类别	已处理订单
客户ID		订单号	
订购货物			

货物名称	单位	数量	货物名称	单位	数量
康师傅蛋黄饼干	箱	1	旺旺牛奶复原乳	箱	4
乐事无限薯片	箱	10	王老吉凉茶	箱	6
德芙丝滑牛奶巧克力	箱	2	青岛啤酒（听装）	箱	42
早苗栗子西点蛋糕	箱	4	玫瑰红酒	箱	10
绿盛牛肉粒	箱	5	神丹松花蛋	箱	9
铁观音立道茗茶	箱	1	西源麦饭石矿泉水	箱	50
西湖龙井	箱	1	可口可乐汽水	箱	35
陈年普洱	箱	1	爱牧云南优质小粒咖啡	箱	4
龙凤呈祥香烟	箱	3	超级咖啡	箱	5

表4-3-4 客户订单信息和拣货区存货信息资料（二）

订单流水号：2019070102　　　　　　　　　　　　　　　　　　　订单处理员：王伟

订购日期	2019年7月1日	送货日期	2019年7月4日
客户名称	嘉和上海路卖场	联系人	刘芳
客户电话	88888887	客户地址	宁波南区上海路
包装要求		订单类别	已处理订单
客户ID		订单号	
订购货物			

货物名称	单位	数量	货物名称	单位	数量
康师傅牛肉面	箱	11	桂圆莲子八宝粥	箱	2
康师傅蛋黄饼干	箱	1	旺旺牛奶复原乳	箱	3
乐事无限薯片	箱	8	王老吉凉茶	箱	2
德芙丝滑牛奶巧克力	箱	1	青岛啤酒（听装）	箱	10
早苗栗子西点蛋糕	箱	4	玫瑰红酒	箱	5
绿盛牛肉粒	箱	2	神丹松花蛋	箱	2
铁观音立道茗茶	箱	1	西源麦饭石矿泉水	箱	10

续表

订购日期	2019年7月1日	送货日期	2019年7月4日
客户名称	嘉和上海路卖场	联系人	刘芳
客户电话	88888887	客户地址	宁波南区上海路
包装要求		订单类别	已处理订单
客户ID		订单号	
订购货物			
货物名称	单位	数量	货物名称	单位	数量
西湖龙井	箱	1	可口可乐汽水	箱	20
陈年普洱	箱	0	爱牧云南优质小粒咖啡	箱	1
龙凤呈祥香烟	箱	4	超级咖啡	箱	2

表4-3-5 客户订单信息和拣货区存货信息资料（三）

订单流水号：2019070103　　　　　　　　　　　　　　　　　　　　　订单处理员：王伟

订购日期	2019年7月1日	送货日期	2019年7月4日
客户名称	嘉和广东路卖场	联系人	张亮
客户电话	88888886	客户地址	宁波东区广东路
包装要求		订单类别	已处理订单
客户ID		订单号	
订购货物			
货物名称	单位	数量	货物名称	单位	数量
康师傅牛肉面	箱	1	桂圆莲子八宝粥	箱	1
康师傅蛋黄饼干	箱	1	旺旺牛奶复原乳	箱	1
乐事无限薯片	箱	3	王老吉凉茶	箱	3
德芙丝滑牛奶巧克力	箱	1	青岛啤酒（听装）	箱	10
早苗栗子西点蛋糕	箱	1	玫瑰红酒	箱	2
绿盛牛肉粒	箱	1	神丹松花蛋	箱	3
铁观音立道茗茶	箱	0	西源麦饭石矿泉水	箱	8
西湖龙井	箱	1	可口可乐汽水	箱	6
陈年普洱	箱	0	爱牧云南优质小粒咖啡	箱	0
龙凤呈祥香烟	箱	1	超级咖啡	箱	1

表 4-3-6 客户订单信息和拣货存货信息资料（四）

订单流水号：2019070104　　　　　　　　　　　　　　　　　　　　　　订单处理员：王伟

订购日期	2019年7月1日	送货日期	2019年7月4日
客户名称	嘉和深圳路卖场	联系人	刘芳
客户电话	88888885	客户地址	宁波西区深圳路
包装要求		订单类别	已处理订单
客户ID		订单号	

订购货物					
货物名称	单位	数量	货物名称	单位	数量
康师傅牛肉面	箱	4	桂圆莲子八宝粥	箱	2
康师傅蛋黄饼干	箱	2	旺旺牛奶复原乳	箱	3
乐事无限薯片	箱	5	王老吉凉茶	箱	3
德芙丝滑牛奶巧克力	箱	1	青岛啤酒（听装）	箱	20
早苗栗子西点蛋糕	箱	3	玫瑰红酒	箱	4
绿盛牛肉粒	箱	1	神丹松花蛋	箱	2
铁观音立道茗茶	箱	1	西源麦饭石矿泉水	箱	32
西湖龙井	箱	2	可口可乐汽水	箱	25
陈年普洱	箱	1	爱牧云南优质小粒咖啡	箱	1
龙凤呈祥香烟	箱	2	超级咖啡	箱	3

配送中心截至7月1日各种货物的存货数据见表4-3-7。

表 4-3-7 配送中心截至7月1日各种货物的存货数据

条形码	货物名称	单位	库存量/箱	存货区域
6920152424601	康师傅牛肉面	箱	6	A1
6920152424602	康师傅蛋黄饼干	箱	0	A1
6920152424603	乐事无限薯片	箱	10	A1
6920152424604	德芙丝滑牛奶巧克力	箱	2	A1
6920152424605	早苗栗子西点蛋糕	箱	0	A1
6920152424606	绿盛牛肉粒	箱	6	A1
6920152424607	铁观音立道茗茶	箱	0	A1
6920152424608	西湖龙井	箱	0	A2
6920152424609	陈年普洱	箱	1	A2
6920152424610	龙凤呈祥香烟	箱	4	A2
6920152424611	桂圆莲子八宝粥	箱	2	A2

续表

条形码	货物名称	单位	库存量/箱	存货区域
6920152424612	旺旺牛奶复原乳	箱	6	A2
6920152424613	王老吉凉茶	箱	14	A2
6920152424614	青岛啤酒（听装）	箱	45	B1
6920152424615	玫瑰红酒	箱	12	B1
6920152424616	神丹松花蛋	箱	6	B1
6920152424617	西源麦饭石矿泉水	箱	50	B1
6920152424618	可口可乐汽水	箱	36	B1
6920152424619	爱牧云南优质小粒咖啡	箱	6	B2
6920152424620	超级咖啡	箱	11	B2

工作流程

查询客户订单→检查拣货区存货→选择补货时机→选择补货方式→补货操作。

操作步骤

（1）统计处理全部订单信息，对当天全部需拣货出库货品进行汇总，并形成总的货物日出库单。

（2）将当天总的货物日出库单与拣货区存货日报表一一核对，依此计算需补货货物的品种和数量。

（3）根据存货标准和拣货区存货信息确定当期补货的时机。

（4）制作补货单（包括日期、货物名称、数量、补货方式、补货时机、存储区、拣货区、补货负责人等信息）。

（5）根据补货量和补货作业现场情况选择补货方式。

（6）根据补货单进行补货操作。

实训报告

该实训项目完成后，要求学生以小组为单位提交补货实训项目总结报告，包括补货作业所需条件说明、补货单制作过程、补货作业的流程总结、补货作业分析、补货实训存在的问题及改进建议。

任务四　配送加工作业

任务目标

配送加工作业是配送中心按照客户要求，设立加工场所进行的加工活动。配送加工作业可以提高运输效率，降低消耗，减轻生产和销售企业的负担，是配送中心重要的利润来源之一。

本任务可以使学生掌握配送加工的概念和作用，能够运用所学习的知识选择合适的加工类型和方法，并应用在实际操作中，进一步完善配送中心的功能，提高配送中心的总体经济效益。

在企业劳动组织过程中，为了提高人力资源配置的有效性，通常采用运筹学的数量分析方法。例如，在解决员工任务指派问题时，企业普遍采用的一种方法——匈牙利法，就是实现人员与工作任务配置合理化、科学化的典型方法。

在应用匈牙利法解决员工任务合理指派问题时，应当具备以下两个约束条件：员工数目与任务数目相等。匈牙利法求解的是最小化问题，如工作时间最小化、费用最小化等。

匈牙利法的操作步骤如下：

（1）以各个员工完成各项任务的时间构造矩阵。

（2）对矩阵进行行约减，即每一行数据减去本行数据中的最小数。

（3）检查上述矩阵，若矩阵各行各列均有"0"，则跳过此步；否则进行列约减，即每一列数据减去本列数据中的最小数。

（4）画"盖0"线。即画最少的线将上述矩阵中的"0"全部覆盖住，操作技巧：从含"0"最多的行或列开始画"盖0"线。

（5）数据转换。若"盖0"线的数目等于矩阵的维数，则直接跳到第（7）步；若"盖0"线的数目小于矩阵的维数，则进行数据转换。操作步骤如下：

①找出未被"盖0"线覆盖的数中的最小值A；

②将未被"盖0"线覆盖住的数减去A；

③将"盖0"线交叉点的数加上A。

（6）重复第（4）步和第（5）步，直到"盖0"线的数目等于矩阵的维数。

（7）求最优解。找出不同行、不同列的"0"，每个"0"的位置代表一对配置关系，具体步骤如下：

①先找只含有一个"0"的行（或列），将该行（或列）中的"0"打"√"；

②将带"√"的"0"所在列（或行）中的"0"打"×"；

③重复第①步和第②步至结束。若所有行列均含有多个"0"，则从"0"的数目最少的行或列中任选一个"0"打"√"。

案例引入

上海联华生鲜食品加工配送中心的运作

联华生鲜食品加工配送中心以下简称"配送中心"是我国目前设备最先进、规模最大的生鲜食品加工配送中心，总投资金额为6 000万元，建筑面积达35 000平方米，年生产能力为20 000吨。其中，肉制品15 000吨，生鲜盆菜、调料半成品3 000吨，西式熟食制品2 000吨，产品结构分为15大类，约1 200种生鲜食品；在生产加工的同时，配送中心还从事水果、冷冻品以及南北货的配送任务。

生鲜商品按其称重包装属性分为定量商品、称重商品和散装商品；按物流类型分为储存型、中转型、加工型和直送型；按储存运输属性分为常温品、低温品和冷冻品；按商品的用途分为原料、辅料、半成品、产成品和通常商品。生鲜商品大部分需要冷藏，其物流流转周期必须很短以节约成本；生鲜商品保质期很短，客户对其色泽等要求很高，在物流过程中需要快速流转。为实现"快"和"准确"，配送中心的加工做法如下。

1. 生鲜食品的冷冻养护

生鲜食品（主要指肉类食品）储存在冷藏低温库，库温一般控制在 -18℃，冷藏仓间的空气温度保持要相对稳定，昼夜上下波动幅度不得超过±1℃，进出时的仓间温度不得波动超过4℃；相对湿度应保持在95%~98%，波动范围不超过±5%。水产、家禽入库后，为保持商品固有质量，减少干耗，可在商品外镀一层冰衣，使内体与空气隔绝，保持其色泽。一般在商品入库时，先镀一次冰衣，1~2个月后再镀一次，第三次是否镀上，应视冰衣的消失情况而定。

2. 生鲜食品的加工与物流运作

生鲜的加工按原料和成品的对应关系可分为组合和分割两种类型。这两种类型在物料清单（Bill of Materials, BOM）设置和原料计算以及成本核算方面都存在很大的差异。在BOM中，每个产品设定一个加工车间，但只属于唯一的车间。生产上分为最终产品、半成品和配送产品，商品的包装分为定量和不定量的加工，对于称重的产品或半成品需要设定加工产品的换算率（单位产品的标准重量），原料的类型分为最终原料和中间原料，设定各原料相对于单位成品的耗用量。

生产计划（任务）中需要对多级产品链计算配套的生产计划（任务），并生成各种包装生产设备的加工指令。对于生产管理，在计划完成后，系统按计划内容列出标准领料清单，指导生产人员从仓库领取原料以及生产时的投料。在生产计划中考虑产品链中前道与后道的衔接，各种加工指令、商品资料、门店资料、成分资料等下发到各生产自动化设备。

加工车间人员根据加工批次调度加工，协调不同量商品间的加工关系，以满足配送要求。

3. 配送运作

商品分拣完成后，都堆放在待发库区，按正常的配送计划，这些商品在晚上送到各门店，门店第二天早上将新鲜的商品上架。装车时的装车顺序按计划依路线门店顺序确定，同时，抽样检查准确性。在商品装车的同时，系统能够自动算出包装物（笼车、周转箱）的各门店使用清单，装卸人员也根据此来核对差异。在发出之前，系统根据各车的配载情况列出各运输车辆的随车商品清单、各门店的交接签收单和发货单。

商品到门店后，由于数量的高度准确性，在门店验货时只需要清点总的包装数量，退回上次配送带来的包装物，完成交接手续。一般情况下，每个门店的配送商品交接只需要5分钟。

那么，什么是配送加工？在此案例中配送加工作业有哪些作用？下面将介绍这方面的有关知识。

一、配送加工作业的含义和作用

1. 配送加工作业的含义

配送加工作业是指为了提高物流速度和货物的利用率，在货物进入流通领域后，按客户的要求进行的加工活动，即在货物从生产者向客户流动的过程中，为了促进销售，维护货物质量和提高物流效率，对货物进行一定程度的加工。主要作业内容包括贴标签、接换价签、改换包装、计量、分拣、组装等简单作业。

以提高利用率为目的的配送加工是在货物从生产领域向消费领域流动的过程中，为了促进销售，提高物流效率，在保证货物使用价值不发生改变的前提下，对货物进行的加工。这种加工也称为流通加工。按照国家标准《物流术语》（GB/T 18354—2006），流通加工是指物品在从生产地到使用地的过程中，根据需要施加的简单作业活动（如包装、分割、计量、分拣、刷标志、拴标签、组装等）的总称。

生产加工与配送加工在加工方法、加工组织和生产管理方面并无明显区别，但加工对象和加工程度方面差别却比较大，具体见表4-4-1。

表4-4-1 生产加工与配送加工的区别

项目	生产加工	配送加工
加工对象	形成产品的原材料、零配件、半成品	进入流通过程的商品
加工程度	复杂的形成产品主体的加工	简单的、辅助性的补充加工
附加价值	创造价值和使用价值	完善其使用价值并提高附加价值
加工单位	生产企业	配送中心
加工目的	交换、消费	促进销售、维护产品质量、实现物流高效率

2. 配送加工作业的作用

（1）弥补生产加工的不足，提高加工效率。

许多货物在生产领域的加工只能到一定程度，这是由于许多存在因素限制了生产领域不能完全实现最终的加工。例如，钢铁厂的大规模生产只能按标准规定的规格生产，以使货物有较强的通用性，使生产能有较高的效率和效益；木材如果在产地完成成材加工或制成木制品的话，就会造成运输的极大困难，所以只能加工到原木、板方材这种程度，进一步的下料、切裁、处理等加工则由配送加工完成。这种配送加工实际是生产的延续，是生产加工的深化，对弥补生产领域的加工不足有重要意义。

（2）进行初级加工，方便用户，适应多样化需求。

配送加工不但方便了客户购买和使用，还降低了客户成本。用量小或临时需要的使用单位，缺乏进行高效率初级加工的能力，依靠流通加工可使使用单位省去进行初级加工的投资、设备及人力，从而搞活供应，方便客户。

目前，发展较快的初级加工有将水泥加工成生混凝土、平板玻璃按规格开片、将原木或板方材加工成门窗、冷拉钢筋及冲制异型零件、钢板预处理、整形、打孔等。

案例分析

阿迪达斯公司在美国的一家超级市场里设立了组合式鞋店，摆放着制造鞋用的半成品，款式花色多样，有6种鞋跟、8种鞋底，均为塑料材质，鞋面的色彩以黑、白为主，鞋带的色彩有80种。鞋的款式有百余种，客户可任意挑选自己喜欢的构件，交给职员当场进行组合，只要10分钟，一双崭新的鞋便唾手可得。由于这家鞋店昼夜营业，营业员技术熟练，鞋的售价与成批制造的价格差不多，有的还稍便宜些，因此，客户络绎不绝，这家鞋店的销售额比邻近的鞋店高10倍。

（3）提高原材料利用率。

利用流通加工环节进行集中下料，是将生产厂直运来的简单规格产品，按使用部门的要求进行下料。例如，将钢板进行剪板、切裁；将钢筋或圆钢裁制成毛坯；将木材加工成各种长度及大小的板、方材等。集中下料可以优材优用、小材大用、合理套裁，有很好的技术经济效果。

案例分析

以提高利用率为目的的流通加工多用于对平板玻璃、铝材等进行集中裁制、开片供应，进行工艺中的切断、弯曲、打眼等，使玻璃的利用率从60%左右提高到85%。

（4）提高加工效率及设备利用率。

在分散加工的情况下，加工设备由于生产周期和节奏不同，设备利用不充分不均匀。建立集中加工点后，可以面向社会，加工的数量和范围都扩大了，提高了加工质量，也就提高了设备利用率；同时，也提高了加工效率，降低了加工费用及原材料成本。

（5）充分发挥各种输送手段的最高效率。

配送加工环节将实物的流通分成两个阶段。一般说来，由于配送加工环节设置在消费地，因此，从生产厂到配送加工的第一阶段输送距离长，而从配送加工到消费环节的第二阶段输送距离短。第一阶段是在数量有限的生产厂家与配送加工点之间进行定点、直达、大批量的远距离输送，可以采用船舶、火车等大量输送的手段；第二阶段则是利用汽车和其他小型车辆来输送经过配送加工后的多规格、小批量的产品。这样可以充分发挥各种输送手段的最高效率，加快输送速度，节省运力运费。

（6）创造新的经济效益和时间效益。

①配送加工的经济效益：由于是集中的加工，因此，其加工效率比分散的加工要高得多。

②配送加工的时间效益：能为许多生产者缩短生产的时间，使其可以腾出更多的时间进行创造性生产。

配送加工部门可以用表现为一定数量的加工设备为更多的生产或消费部门服务，这样可以相对减少全社会加工费用。配送加工能对生产的分工和专业化起到中介作用，可以使生产部门按更大的规模进行生产，有助于生产部门劳动生产率的提高。

（7）提高物流的附加值。

在流通过程中进行一些改变货物某些功能的简单加工，除上述几点外，其目的还在于提高货物在销售时的经济效益。例如，许多制成品（如洋娃娃玩具、时装、轻工纺织产品、工艺美术品等）进行简单的装潢加工，改变了货物的外观功能，仅此一项就可使产品售价提高20%以上。因此，在物流领域中，配送加工可以成为具有高附加值的活动，是一种低投入、高产出的加工形式，能够给配送中心带来更大的利润空间。

（8）提高生产效益和流通效益。

由于采用配送加工，生产企业可以进行标准化、整包装生产，这样，既适应了大生产的特点，提高生产效率，又节省了包装费用和运输费用，还降低了成本。流通企业也可以促进销售，增加销售收入，提高流通效益。

二、配送加工作业的类型和流程

1. 配送加工作业的类型

（1）为适应多样化需要的配送加工。

生产部门为了实现大批量、高效率的生产，其产品往往不能完全满足客户全部需求，所以，为了满足客户对货物多样化需要的同时又要保证高效率的大生产，可将生产出来的单一化、标准化的货物进行多样化的改制加工。例如，钢材卷板的舒展、剪切加工；平板玻璃按需要的开片加工；木材改制成板材、方材、枕木等。

（2）为弥补生产领域加工不足的配送加工。

许多产品在生产领域只能加工到一定程度，这是由于存在许多限制因素限制了生产领域不能完全实现终极的加工。这种流通加工实际上是生产的延续，是生产加工的深化，对弥补生产领域加工不足有重要意义。

（3）为保护货物而进行的配送加工。

在配送中心，为了保护货物的使用价值，延长货物在生产和使用期间的寿命，防止货物在运输、储存、装卸搬运、包装等过程中遭受损失，可以采取稳固、改装、保鲜、冷冻、涂油等方式。例如，水产品、肉类、蛋类的保鲜、保质的冷冻加工、防腐加工等；丝、麻、棉织品的防虫、防霉加工等。另外，如为防止金属材料的锈蚀而进行的喷漆、涂防锈油等运用手工、机械或化学方法除锈；木材的防腐朽、防干裂加工；煤炭的防高温自燃加工；水泥的防潮、防湿加工等。

（4）为提高物流效率，方便物流的配送加工。

一些货物本身的形态使之难以进行物流操作，如鲜鱼的装卸、储存操作困难；过大设备的搬运、装卸困难；气体运输、装卸困难等。对这种货物进行配送加工，可以使物流各环节便于操作。这种加工往往只改变货物的物理状态，但并不改变其化学特性，且最终仍能恢复原物理状态。

（5）为促进销售的配送加工。

配送加工也可以起到促进销售的作用。例如，将过大包装或散装物分装成适合销售的小包装的分装加工；将以保护货物为主的运输包装改换成以促进销售为主的销售包装；将化妆品、食品进行套装与礼盒包装；将蔬菜、肉类洗净切块以满足消费者的需求等。

（6）为提高加工效率的配送加工。

许多生产企业的加工由于数量有限，难以实现规模效应。而配送加工以集中加工的形式,解决了单个企业加工效率不高的弊病。以一家配送中心代替若干生产企业的初级加工工序,可以促进生产加工效率的提升。

(7) 为衔接不同的运输方式、使物流更加合理的配送加工。

在干线运输和支线运输的节点设置流通加工环节,可以有效解决大批量、低成本、长距离的干线运输与多品种、少批量、多批次的末端运输和集货运输之间的衔接问题。在配送中心与大型生产企业间形成大批量、定点运输的渠道,以配送中心为核心,组织对多个企业的配送,也可以在配送中心将运输包装转换为销售包装,从而有效衔接目的不同的运输方式。

2. 配送加工作业的流程

配送加工作业流程主要有以下几步:

(1) 订单处理人员按照客户订单上对要加工货物的要求来生成流通加工单,每张订单上注明订单号,要加工货物的数量、规格、加工要求、加工时限等。

(2) 主管接到要进行流通加工的通知,并领取流通加工单据,根据加工内容安排加工。

(3) 安排人员提取需要加工的货物,提取时双方确认并签字;同时,安排作业人员准备好作业设备。

(4) 按要求对货物进行配送加工。

(5) 验收人员验收完工后的货物数量和质量,若不合格,则需返回车间重新加工。

(6) 将完工货物交到下一环节,双方确认并签字。

3. 典型的配送加工作业

(1) 食品的配送加工。

食品的配送加工是指为了方便食品运输、储存、销售以及资源的充分利用,发生在流通过程中的加工活动。常见的加工方式有冷冻、分选、分装及精制加工等,如图4-4-1所示。

图4-4-1 食品的配送加工

(2) 服装的配送加工。

服装的检验和分类需要较宽敞的场地和设施，在生产场地完成这项工作费时费力，需要将这部分工作延伸到配送中心完成。在服装配送中心，可以利用专门的悬轨体系来完成相关作业，如图4-4-2所示。

图4-4-2　服装的配送加工

(3) 轻工业产品的配送加工。

对于一些装配较简单，装配技术要求不高的轻工业产品，如木制家具、自行车等，若成品在生产地组装完成后再进行运输，则由于形状的不规范会降低运输效率，而且也会给装载带来困难。因此，通常在配送中心完成简单的组装和调试的工作。自行车的组装如图4-4-3所示。

图4-4-3　自行车的组装

(4) 钢材剪板及下料的配送加工。

对于使用钢板的用户来说，大、中型企业由于消耗批量大，可设置专门的剪板及下料加工设备，按照需要进行加工，但对于用量不大的中小型企业来讲，单设剪板、下料的设备，由于使用率低下会造成闲置浪费，从而增加企业的成本。钢板的剪板及下料加工可以有效地解决以上问题。

剪板加工一般在固定地点设置剪板机进行，下料加工或设置各种切割设备将大规格钢板截小，或切裁成毛坯，降低销售起点，便利客户。此外，与钢板的配送加工类似，还有薄板的切断、型钢的熔断、厚钢板的切割、线材切断等集中下料，线材冷拉加工等。钢材的配送加工如图4-4-4所示。

图4-4-4 钢材的配送加工

（5）木材的配送加工。

木材的配送加工可依据木材种类、地点等决定加工方式。在木材产区可对原木进行加工，使之成为容易装载、易于运输的形状，如实行集中下料、按客户要求供应下料，木屑也可制成便于运输的形状，以供进一步加工，这样可以提高原木利用率和出材率，也可以提高运输效率，具有相当可观的经济效益。木材的配送加工如图4-4-5所示。

图4-4-5 木材的配送加工

(6) 煤炭的配送加工。

煤炭配送加工有多种形式，如除矸加工、煤浆加工、配煤加工等。除矸加工可提高煤炭运输效益和经济效益，减少运输能力浪费；煤浆加工可以采用管道运输方式运输煤浆，减少煤炭消耗、提高煤炭利用率；配煤加工可以按所需发热量生产和供应燃料，防止热能浪费。煤炭的消耗量非常大，进行煤炭配送加工潜力也非常大，可以大大节约运输能源，降低运输费用，具有很好的技术价值和经济效益。

(7) 混凝土的配送加工。

混凝土流通服务中心将水泥、沙石、水及添加剂按比例进行初步搅拌，然后装进水泥搅拌车，事先计算好时间，卡车一边行走，一边搅拌。到达工地后，搅拌均匀的混凝土直接用于浇注。

(8) 配送加工的其他作业形式。

①贴标签作业。标签分为两种：一种是进口商品的中文说明，一种是价格标签。贴进口商品的中文说明一般到库后就开始进行作业，贴完标签再入库；贴价格标签是在拣货后根据客户的要求完成作业。

②热缩包装作业。热缩包装作业在配送加工作业中是一种常见的加工方式。主要是针对超市或大卖场的需求，把某些食品按促销要求组合用热收缩塑料包装材料固定在一起。常用的 PE 收缩膜收缩温度范围为 80~149℃，受热时变软，冷却后收缩，收缩强度相当大。

③礼品包装作业。礼品包装主要是针对逢年过节时，部分货物需要组合成礼盒进行销售，如特产礼盒、酒水礼盒、保健品礼盒、食品礼盒等。

④小包装分装作业。小包装分装主要是将大包装的货物或散装货物，以计量单位包装的方式来改变货物的销售包装。

思考题

1. 什么是配送加工作业？
2. 简述配送加工作业的作用。
3. 配送加工作业的类型有哪些？
4. 简述配送加工作业的流程。

实训 4-4　配送加工作业实训

实训目标

能够采用科学合理的方法对加工任务进行组织安排，使加工任务的总工时最短。

实训内容

根据加工任务和加工小组完成不同加工任务的工时表，组织安排配送加工任务，按要求完成总工时最短的目标。

环境要求

机房、纸张、打包机等。

建议参考要求：包装纸盒、鲜鱼、冷冻设备、蔬菜、水、真空包装、充气包装、服装、价签、防盗识别器、衣架、烫熨斗、打包机等。

情景描述

佳美配送中心接到仁和、嘉庆、物联、美欣四家超市的加工请求,要求在规定的时间内完成。任务包括将酱菜的运输包装改为销售包装;对一批鲜鱼进行冷冻加工;清洗蔬菜并包装;贴服装价签。各超市要求的时间比较紧急,问配送中心能否在一天内完成这些加工任务。A、B、C、D四个小组完成各加工任务的效率见表4-4-2。假如你是加工主管,你认为能否在一天内完成加工任务?怎样安排可以更加节省时间呢?

表4-4-2 四个组完成各加工任务的效率

单位:小时

小组任务	改酱菜包装	冷冻鲜鱼	清洗蔬菜	贴服装价签
A	3	10	6	7
B	14	4	13	8
C	13	14	12	10
D	4	15	13	9

工作流程

确定是否能在一天内完成加工任务→估算各小组加工不同任务的耗时定额→选择确定配送加工任务总工时的方法→应用匈牙利法计算总工时→分配加工任务。

操作步骤

(1)接受加工任务通知,并估算各小组加工不同任务的耗时定额。

(2)使用直观经验法进行初步判断任务的分配并计算总工时。

(3)采用匈牙利法对各小组完成不同加工任务进行优化。

(4)分配不同小组执行加工任务。

实训报告

根据实训过程,拟定实训报告,包括实训目的、要求、条件、步骤、过程分析及总结。

任务五　配装作业和送货作业

任务目标

　　配装作业是配送中心区别于传统仓储行业的明显特征，是整个配送作业的关键环节。送货作业是配送中心的最后一个环节，费用的高低对配送总成本的影响很大，与客户直接接触，决定服务质量的效果。

　　本任务使学生能够掌握配装和送货的含义，能够运用所学习的知识进行配装计划的编制、送货路线优化设计、车辆配载有效规划和管理等，关注配送的速度、成本和效益，组织配送中心进行合理、优化的配送工作。

案例引入

成功利器——沃尔玛公司的高效配送系统

　　沃尔玛公司（以下简称"沃尔玛"）是全世界零售业年销售收入位居第一的巨头企业，素以精确掌握市场、快速传递商品和最好地满足客户需求著称，是"全球500强"零售业排行的冠军。

　　沃尔玛之所以能够迅速发展成为世界零售业之最，其中一个重要的原因是其重视配送系统的建设和完善。自从1962年第一家商场开业以来，沃尔玛在美国有1 800家连锁门店，在世界各地（如英国、墨西哥、德国及中国等），沃尔玛共有110万名员工，仅在美国就有约88.5万名员工。

　　1969年，沃尔玛在美国建立起第一个配送中心。现在，这个配送中心为4个州的32家商场配送。2000年，沃尔玛仅配送系统的投资金额就达1 600亿美元。在美国，利用自己的配送系统，为连锁门店配送商品。沃尔玛的经营理念是"最低的成本，提供最高质量的服务"。配送系统必须为门店和客户提供最快捷的服务，整个供应链"无缝"链接，顺畅运转，无论客户在门店买走什么商品，该种商品都会得到及时补充。

　　沃尔玛配送系统取得成功的一个原因就是其完美的补货系统。在沃尔玛总部及配送中心，管理人员任何时间都可以知道每一个门店现在货架上有多少货物、配送中心存有多少货物、还有多少货物在运输途中，等等；同时还可以了解到某种货物上周卖了多少，去年卖了多少，而且还可以预测将来能够卖多少。这是因为商场中专有的商品都是利用标准的条形码来管理的，只要对某种商品进行扫描，就可以读取其信息。在沃尔玛门店，不需要用纸张处理订单，自动补货系统可以自动向配送中心订货。在沃尔玛门店，任选一种商品并扫描，就能得到销售、库存和运输等方面的信息。这些信息都是利用计算机与条形码获取的。

　　另外，沃尔玛的供货可以直接进入配送信息系统，任何一个供货商都可以了解今天、昨天、上周、上个月和去年的销售情况，然后，根据这些信息来决定产品的生产规模，并预测未来，及时供应，降低商品的成本。

　　非常重要的一点是，沃尔玛配送中心在上游的供货及下游的门店这个供应链中，确保进货商品与订货单、发货单完全一致。之所以整车商品卸到门店中却不需要检验,是因为他们确信没有失误,这样就节省了验货的时间及劳力,降低了成本。这些商品可以直接放到货架上,特别是配送中心,不管在美国还是世界上其他地方都是一致和完整的。

沃尔玛的配送中心都非常大,平均面积约为 11 万平方米,每个月的产值约为 2 亿美元,供货商直接送货到配送中心。当然,供货商非常清楚,为一家配送中心送货、为数十家商场送同样的货相比,成本要低得多。供货商和配送中心之间建立伙伴关系,供货商拿出节省的部分利润让利于消费者,最终大家都可以获得利益最大化。

沃尔玛的配送中心全部是自动化立体仓库形式的,商品从一个门进,从另一个门出,没有任何阻力地流动,他们使用输送机有效地搬运商品。沃尔玛配送中心每周能处理商品 120 万箱。配送中心根据不同门店的需要,对商品进行分类、分拣,然后放入不同的货箱中;分拣员根据信号灯所提供的信息取货,所有商品都按客户的订单配货,放入不同的货箱中,在发货区装上配送车。沃尔玛的配送中心有各种类型,如服装配送中心、蔬菜配送中心等。

其实在整个配送系统中,送货运输费用最高,为了节省送货费用、降低运输成本,沃尔玛的配送车辆全部是加长的大型货柜型车辆,在长度和高度上超过了集装箱卡车。车辆是沃尔玛自有的,驾驶员也是沃尔玛的正式员工,约有 3 700 多名。另外,还有 5 000 多名非正式驾驶员,每辆车每周行驶里程为 7 000~8 000 千米。沃尔玛采用全球卫星定位系统,在调度室里,任何时候都能够知道某一辆车在什么位置,离商场还有多远,这样就可以提高整个系统的效率。由于沃尔玛的配送车辆一般都是在高速公路上行驶,因此,保证安全是最重要的。沃尔玛的管理者认为:"不出事就等于节约费用、降低成本。"

沃尔玛在送货方面的另一个运营策略就是把车装满。配送中心在供货商和商场之间,车辆什么时间到达都是事先约好的,按照运行时间表进行供货运输或配送运输。沃尔玛对运输的时间进行了很好的管理,可以同时节省时间、提高效率。另外,供货商的供货运输也可以采用沃尔玛的运输系统,因为沃尔玛的运输系统效率高、成本低,对门店需求批量大的货物可以由供货商直接运抵门店。

总而言之,沃尔玛的配送系统是高效的、合理的、低成本的,而且服务水平很高。沃尔玛配送中心的高效率运营,使它在零售业更加成功。

那么,在配送中心如何高效地完成货物的配装作业,在送货作业中如何优化路线,合理配载车辆,使配送中心的成本降低,提高效益呢?本任务将介绍有关这方面的知识。

一、配装作业的含义和方法

1. 配装作业的含义

配装是指配送中心为了顺利、有序、方便地向众多客户发送货物,对配送中心的各种货物进行整理,并依据订单要求进行组合的过程。

配装工作的基本任务是保证客户所需的货物品种、规格和数量在指定的时间内配齐并完成装载。

2. 配装作业的方法

(1)拣选式配装。

拣选式配装是指由负责理货的工人或理货机械,巡回于货物的各个存储区域,按理货单拣取货物，一个客户的货物巡回一次，一次全部配齐，然后送至发货区。拣选式配装采取的订单式也称摘果式拣货方式。根据拣货时采用的设备与货物特性的不同，具体配装形式有以下几种：

①人工拣选配装。由人工完成配装作业，即人、货架、拣货设备（货箱、托盘等）配合完成配装作业。在实施时，由人一次巡回或分段巡回于各货架之间，按订单拣货，直至配齐。

②人工加手推作业车拣选配装。配装作业人员按订单，推车一次巡回或分散巡回于货架之间进行拣货，配齐订单上所有货物后，将其送至送货区。这种配货作业与人工配装作业基本相同，区别在于借助半机械化的手推车完成作业。在拣选作业量大、单品或单件较重、体积较大时，可以减轻配装作业人员的劳动强度。

③机动作业车拣选配装。配装人员乘车为一个客户或多个客户拣选配装，车辆上分放各客户的拣选容器，拣选的货物直接放入容器，每次配装作业完成后，将容器内的货物放到指定的货位，或直接装卸到配送车辆上。

④传动输送带拣选配装。配装人员只在附近几个货位进行拣选配装或按指令将货物取出放在传动输送带上，或放入传动输送带上的容器内。传动输送带运转到末端时把货物卸下来，等待装车发货。这种拣选配装方式可减轻劳动强度，改善劳动条件。

⑤拣选机械拣选配装。自动分拣机或由人操作的叉车、分拣台车巡回于一般高层货架间进行拣货，或在高层重力式货架一端拣货。这种拣选配装方式一般是在标准货格中取出单元货物，以单元货物为拣选单位，利用传动输送带或叉车、台车等设备进行配装作业。

拣选式配装适用于客户数量不多，但需要货物的种类较多，且每种商品需求数量差异较大的情况。若货物是大件商品，则很可能随时有临时加单的情况。采用拣选式配装，能够保证配货的准确无误，可以不受其他因素制约进行快速配装，而且可以按客户要求的时间调整配货的先后次序，配装好的货物可以直接装到送货车上，有利于简化工序、提高效率。

拣选式配装形式较机动灵活，既可以采取机械化水平较高的工具作业，也可以进行人工操作，因此易于实行。尤其是在配送工作开展初期或小型配送中心，若客户不多且技术装备较差，使用这种方法既简单又快捷。

（2）分货式配装。

分货式配装又称播种式配装，是由负责理货的工人或理货机械每次集中取出货物，将所有客户所需的同一种货物分拣出来，然后巡回于指定的货位，按照指定货位对应的客户订单上的货物数量进行分放。如此反复进行，最后，将各客户所需货物全部配齐，即完成一轮的配货任务。根据拣货时所采取的设备和货物的特性不同，具体的配货形式有以下几种：

①人工分货配装。在货物体积较小、重量较轻的情况下，使用人工从普通货架或重力式货架上一次拣取出若干个客户共同需求的某种货物，然后巡回于各客户配货货位之间，将货物按客户订单上的数量进行分放。完成后，再取出第二种货物，如此反复，直至分货、配装完毕。

②人工加手推作业车分货配装。理货人员利用手推车至普通货架或重力式货架，将各客户共同需要的某种货物取出。利用手推车可在较大的范围内巡回完成分放配装作业。

③机械作业车分货配装。用叉车、平板作业车一次取出数量较多、体积和质量较大的货物，然后，由理货人员驾车巡回分放配装货物。

④传动输送带加人工分货配装。传动输送带的一端和货物存储区域连接，另一端和客户的配货货位连接。传动输送带运行过程中，一端集中取出各客户共同需要的货物，置于输送带上输送到各客户的货位；另一端则由理货人员取下该货位客户所需的货物。

⑤分货机自动分货配装。分货机在一端取出多客户共同需求的货物，随着分货机上输送带运行，按系统中预先设定的指令，在与分支机构连接处自动打开出口，将货物送入分支机构，分支机构的终点是客户集货货位。

⑥回转货架分货配装。回转货架可以看成是若干个分货机的组合，当货物不多而又适于存储在回转货架上时，可在回转货架出货处一边从货架取货，一边向几个客户货位分货，直至配装作业完毕。

分货式配装的方式适用于客户之间共同需求的货物种类差别不大、体积不大，且客户的需求计划都比较稳定的情况。采用分货式配装作业，可以提高配装速度，节省配装的劳动消耗，提高劳动效率。尤其当客户数量很多时，反复拣选会使工作异常繁重，采用分货式配装作业就省时省事得多。实行分货式配装法进行作业时，一般可以利用各种作业车辆，包括叉车、一般车辆甚至手推车，但大规模配送中心的分货配装作业时，需要具有非常大的分货能力。因此，配送中心需要配置专业的分货设施。

（3）直运式配装。

直运式配装是拣选式配装的一种形式。当客户所需商品种类很少，且每种货物数量又很大时，送货车辆可以直接开抵存储区域进行装车，随时送货。这种方式将配装和送货合为一体，减少了工序，提高了效率，特别适用于大宗生产资料的配送。

二、配装作业的基本内容

由于配送中心存放的货物数量大、品种杂、规格多，每日发送货物的次数和装配配送车辆的趟次也比较高，因此，配送中心需要编制配装计划，确定配装顺序，并确定考核配装作业效率的指标，保证客户需求的货物能在最短的时间内，以最合理的方式，完好无损地配齐、经济合理的配载，确保配送业务的顺利实施。

1. 进行市场调查

配装作业是配送中心的内部业务活动，在工作时不与具体客户直接接触，只按照订货单进行配装作业，但它不能无视市场状况，只考虑自己的业务流程。脱离实际的业务安排是盲目的、没有依据的。因此，配装管理部门首先要进行市场调查，收集客户的需求信息，了解影响配装工作的因素。如哪些货物是畅销品？其畅销的原因是什么？这些货物在本配送中心的日需求量是多少？它们继续畅销的时间会有多长？各种货物的生产周期和需求周期时间是多少？然后根据这些因素的综合影响合理安排配装作业。

2. 确定配装顺序

配装作业是配送业务的环节之一，需要与其他部门进行经常性的沟通协调，以确定货物的配装顺序。实际生产经营存在一定的周期性和淡旺季，且不同企业的运行周期不同。旺季时企业急于赶工、抓时机，往往要货急、要货数量大，而旺季一过，这些企业的需求倾向明显发生变化，需求量降低或根本不需要。因此，配装部门要了解客户订单的变化倾向，不断调整自己的配装顺序，将最需配送的货物优先配装，以保证客户的需求和企业的利益。另外，确定配装顺序还要考虑优先原则，使拥有优先权、交易量大、信誉度好的客户享有优先配装的权利。

3. 确定配装作业指标

配送中心进行配装作业时，需确定的考核指标有以下几个：

（1）分拣配装率。分拣配装率是指从库存的货物种类中分拣出的货物种类占全部库存货物种类的比重。

分拣配装率越高，说明分拣配装效率越高。影响理货人员配装效率的因素主要有：单位时间内处理货物的品种；每天的发货物的种数；每个订单的品种数；每个订单的作业量与理货人员的数量；配送中心内作业场地的宽度及允许作业的时间。因此，要综合分析分拣配装率的确定要综合分析。

（2）配装方式和配装路线不同，配装方式的作业程度不同，所采用的配装路线也不同。配送中心要根据自己的配送业务类型、货物的品种、客户订单的数量确定配装的方式及路线。确定配装路线要尽量减少在一条配装路线上重复的次数。配装路线一经确定，要由计算机信息系统打印成"商品配装路线图"，提供给理货人员，以备拣选货物时使用。

（3）从事配装作业的人员包括理货人员和装卸人员两种。通常，一轮配装作业人员多则速度就快，但过多的人员会造成人均工作量的不足，配装作业要根据配送中心日均发货量的大小确定适当的理货人员和装卸人员的数量。同时，人员的数量与配装机械的自动化程度有着密切的关系。配装自动化程度高，配送中心需要的人员数量就少；利用人工配装的配送中心为了保证配装速度，人员数量就要增多。

（4）确定配装方案。若一辆车需配装不同客户的货物，则需要考虑货物间的理化性能、客户指定地点的路径、区域等方面的问题，然后再按货物性能相近、路线方向一致或区域同属的配装原则制定配装方案。

4. 进行指标控制

（1）定期对各项指标进行考评。配装管理部门在指标执行的过程中，要定期对指标的执行情况进行监督检查，评价各种指标的完成进度和质量。

（2）修订调整指标。如果某项指标在执行时发现计划与实际不符，管理人员要及时查找出现偏差的原因。通常实际与计划不符的原因主要有两方面：一方面，是客观原因，即市场环境发生了变化，客户的需求也随即发生调整，计划人员要及时研究新的市场需求，修订调整指标；另一方面，是主观原因，即管理人员在制定指标时对情况了解不足，编制有误，使实际与计划难以衔接，或是由于配装工作人员执行不力而造成指标没有按期完成。前者需要管理人员主动修订调整指标，后者则要求管理人员加大管理力度，督促基层配装工作人员增强责任心。

三、送货作业的含义和送货作业服务要求

1. 送货作业的含义

送货作业是配送业务的最后一个环节。送货作业是利用配送车辆把客户订购的货物从配

送中心送至客户手中的过程。送货作业过程中会受到多种情况的影响，由于送货费用的高低对配送总成本的影响很大，所以送货作业前需要进行周密安排，以保障送货作业的顺利进行。

2. 送货作业服务要求

送货作业服务质量主要受到两方面的影响：一方面，是路线的设计；另一方面，是车辆的配载情况。送货作业是以短途汽车运输为主，路线的优化设计可以压缩耗油的成本。车辆的配载要解决的是如何将货物装车，按什么次序装车的问题。为了有效利用车辆的容积和载重量，还要考虑到货物的性质、形状、体积和质量等因素。

综合考虑，对送货作业服务的要求应从以下几方面做起：

（1）路线设计时，需考虑到各方面的成本问题，提高送货效益。配送路线与配送成本之间有密切的关系，计算配送路线的送货成本时应尽量做到路程最短、吨公里数最小、准时性最高、运力运用最合理、劳动消耗最低。成本和效益是相辅相成的，因此，成本控制在配送路线的选择与确定工作中处于核心地位。

（2）车辆配载时，要尽可能多地装入货物，充分利用车辆的容积和配载重量，但是装入货物的总体积不得超过车辆的有效容积，装入货物的总重量不得超过车辆额定的载重量。

（3）在装载的过程中，要考虑到货物的顺序。做到重不压轻，大不压小。轻的货物放在重的货物上面，包装强度差的货物放在包装强度好的上面。货物堆放要前后、左右、上下重心平衡，避免发生翻车事故。尽量做到"先送后装"，即同一车中目的地不同的货物，应把先到站的放在外边或者上面，后到站的放在里面或者下面，方便卸货。

（4）在装载货物，摆放的过程中要考虑到安全和方便。货物与货物之间，货物与车辆之间有空隙的时候，应适当衬垫，避免货物破损。货物的标签应朝外，以方便工作人员装卸。货物装完后，应在门口处采取适当的稳固措施，避免开门卸货时，货物倾倒，造成货物和人员损伤。

（5）货物配载时，为了减少或避免差错，尽量把外观相近、容易混淆的货物分开装载；不将散发异味的货物与具有吸收性的食品混装，避免串味（图4-5-1和图4-5-2）；切勿将渗水货物与易受潮货物一同存放，避免受潮；包装不同的货物应分开装载，如板条箱不要与纸箱、袋装货物放在一起；有尖角或者其他突出物的货物应和其他货物分开装载，或者用木板隔开（图4-5-3和图4-5-4）；尽量不将散发粉尘的货物（图4-5-5）与清洁货物混装；危险货物应单独装载。

图4-5-1 散发异味的货物

图4-5-2 具有吸收性的食品

图4-5-3 有尖角或者其他突出物的货物

图4-5-4 板条箱

图4-5-5 散发粉尘的货物

四、提高送货作业效率的措施

若要从提高送货作业的效率来达到提高配送中心整体利润的目标,则需要从以下两方面着手:一方面是进行路线的优化设计,缩短运输的路程;另一方面是进行车辆配载的规划,有效地提高车辆容积和载重量的利用率。

1. 配送路线优化设计的方法

根据送货作业的实际情况,送货业务中出现最多的是以下两种情况:从单个配送中心向单个客户往返送货及从单个配送中心向多个客户循环送货后返回。这两种情况的配送线路最短路线设计可以归结为两类问题,即两点间最短路线问题和单起点多回路最短路线问题。

在配送线路设计中,当配送的起点和终点都只有一个,即由一个配送中心向一个特定的客户进行专门送货时,这种情况一般是对最主要客户,客户的送货需求量大且对到达时间准确性要求较高,需专门派一辆或多辆车一次或多次送货的情况。这种配送方式的重点是节省时间、多装快跑,提高送货的时间准确性。另外,在规划一个配送中心的配送网络路线图时,需要提前计算出配送中心与每个客户间的最短距离路线。这些都可以归结为配送线路设计时,寻求两点间最短路径的问题。以公路网络示例(图4-5-6)来说明解决此问题的方法。O点为配送中心所在位置,P点为客户所在位置,A点、B点、C点、D点则代表从O点到P点要经过的节点,节点与节点之间有线路连接,线路上标明的数字是两个节点之间的距离,以运行时间(分钟)表示(当然也可以用距离表示)。现在要在该图找出一条从配送中心(O)到客户(P)之间的最短路线。

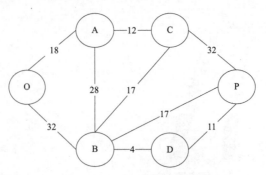

图 4-5-6 公路网络示例

表 4-5-1 为最短路线计算表。

表 4-5-1 最短路线计算表

步骤	已解节点	与该已解节点直接连接的未解节点	对应线路	对应总行驶里程	最短路线距离	新增的已解节点	选中的路径
1							
2							
3							
4							
5							

表 4-5-1 中各空白栏的计算方法是：第一个节点就是起点 O，它是已解节点。与 O 点

直接连接的未解的节点有 A 点和 B 点。

第一步，可以看到 A 点是距 O 点最近的节点，记为 OA，由于 A 点是唯一选择，所以它成为已解的节点。

第二步，找出距 O 点和 A 点最近的未解节点，列出距各个已解节点最近的连接点，我们有 OB、OAC、OAB。注意从起点通过已解节点到某一节点所需的时间应该等于到达这个已解节点的最短时间加上已解节点与未解节点之间的时间，即从 O 点经过 A 点到达 B 点的距离为 OA + AB = 18 + 28 = 46（分钟），同样，从 O 点到达 C 点的时间为 30 分钟；而从 O 点直达 B 点的时间为 32 分钟；现在从 O 点到 C 点的距离最短，C 点也成了已解的节点。

重复上述过程直到到达终点 P。最短的路线距离为 47 分钟，用时最短的路线为 OBDP。

表 4-5-2 为最短路线计算表（计算结果）。

表 4-5-2　最短路线计算表（计算结果）

步骤	已解节点	与该已解节点直接连接的未解节点	对应线路	对应总行驶时间/分钟	最短路线距离	新增的已解节点	选中的路径
1	O	A	OA	18	18	A	OA
		B	OB	32			
2	O	B	OB	32	30	C	OAC
	A	C	OAC	30			
		B	OAB	46			
3	O	B	OB	32	32	B	OB
	A	B	OAB	46			
	C	P	OACP	64			
		B	OACB	47			
4	O	无	无	无	36	D	OBD
	A	无	无	无			
	C	P	OACP	64			
	B	D	OBD	36			
		P	OBP	49			
5	O	无	无	无	47	P	OBDP
	A	无	无	无			
	C	P	OACP	64			
	B	P	OBP	49			
	D	P	OBDP	47			

总结两点间最短路线计算的方法是：始发点作为已解节点，计算从始发点开始。

①第 n 次迭代的目标。寻求第 n 次最近始发节点的节点，重复 $n=1$，2，…，直到最近的节点是终点。

②第 n 次迭代的输入值。$(n-1)$ 个最近始发节点的节点是由以前的迭代根据离始发节点最短路线和距离计算而得的。这些节点以及始发节点称为已解节点，其他节点是尚未解的节点。

③第 n 次最近节点的候选节点。每个已解节点由线路分支通向一个或多个尚未解节点，这些未解节点中有一个以最短路线分支连接的是候选节点。

④第 n 个最近节点的计算。将每个已解节点及其候选点之间的距离和从始发节点到该已解节点之间的距离加起来，总距离最短的候选点即是第 n 个最近的节点，即始发节点到达该节点的最短距离。

2. 单起点多回路最短路线问题

单起点多回路最短路线是指由一个配送中心向多个客户进行循环送货，送货车辆送完货后再返回配送中心。现实中经常会遇到有多个客户点需要配货的情况，客户点的位置和货物需求状况已知，但是不能够采用一辆车装载所有客户点的货物，这就需要派多辆车来完成配送作业，这时，同样也希望配送成本最低，如配送车辆最少，所有车辆的行驶总里程最短。这种问题通常被称为车辆路径问题，解决这种问题通常采用里程节约法。

①里程节约法的基本原理。

里程节约法的基本原理是同一条线路上所有客户的需求量总和不大于一辆车的额定载重量。送货时，由这辆车装着所有客户的货物，沿着一条精心挑选的最佳线路依次将货物送到各客户手中，这样既保证按时按量将客户需要的货物及时送到，又节约了费用，缓解了交通紧张的压力，并减少了运输对环境造成的污染。

②里程节约法的基本规定。

利用里程节约法确定配送线路的主要出发点，根据配送方的运输能力及其到客户之间的距离和各客户之间的相对距离制定使配送车辆总的周转量达到或接近最小的配送方案。

假设：配送的是同一种或类似的货物；各客户的位置及需求量已知；配送方案有足够的运输能力。

里程节约法制定出的配送方案除了使总的周转量最小，还应满足：方案能满足所有客户的到货时间要求；不使车辆超载；每辆车每天的总运行时间及里程满足规定的要求。

③里程节约法的基本思想。

设 P 为配送中心，分别向客户 A 和客户 B 送货。P 到客户 A 和客户 B 的距离分别为 d 和 f，两个客户 A 和 B 之间的距离为 e，送货方案只有两种：(a) 配送中心 P 向客户 A 和客户 B 分别送货；(b) 配送中心 P 向客户 A 和客户 B 依次送货，如图 4-5-7 所示。

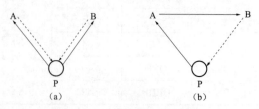

图 4-5-7 里程节约法原理

比较两种配送方案：

方案（a）的配送路线为：PAPBP，配送距离为：$2d+2f$；

方案（b）的配送路线为：PABP，配送距离为：$d+f+e$；

用 S 表示里程节约量，即方案（b）比方案（a）节约的配送行驶里程：$S=d+f-e$。

这个公式有以下几点注意事项：

a. S 从不为负，因为三角形的两条边之和总是大于第三条边的；

b. 将客户连接起来，增加了节约的配送里程；

c. 若客户之间的距离越近，它们距离配送中心越远，则节约的配送里程会越长；

d. 这个方法也可以用时间来代替距离计算。

里程节约法适用的条件如下：

a. 适用于有稳定客户群的配送中心；

b. 各配送线路的负荷要尽量均衡；

c. 要考虑客户要求的交货时间（即一条线路的送货总里程不能太长，否则会影响配送中心向客户交货的准时性）；

d. 要考虑货物总量不能超过车辆的额定载重量。

在实际情况下，如果给数个客户进行配送，应首先计算配送中心与每个客户之间的最短距离及两个客户之间的最短距离，然后计算各客户之间的可节约的运行距离，按照节约配送里程的大小顺序连接各配送地并设计出配送路线。下面举例说明里程节约法的求解过程。

图 4-5-8 所示为某配送中心的配送网络，O 为配送中心，A~H 为配送客户。括号内为配送货物重量（单位：吨），线路上的数字为道路距离（单位：千米）。配送中心有额定载重量分别为 2 吨和 4 吨的两种厢式货车可供送货，即每条线路每次送货总重量不能超过 4 吨，每条线路行驶总里程不能超过 35 千米。

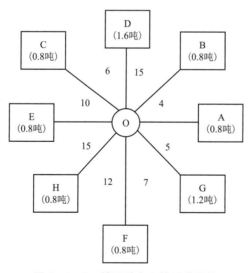

图 4-5-8 某配送中心的配送网络

下面用里程节约法设计最佳送货路线。

第一步，用最短路线法求解网络各节点之间的最短距离，其结果见表 4-5-3。

表 4-5-3 里程节约法（第一步）

	O							
A	5	A						
B	4	8	B					
C	6	11	9	C				
D	15	15	11	14	D			
E	10	15	14	8	22	E		
F	12	17	16	12	27	4	F	
G	7	8	11	13	22	13	9	G
H	15	18	19	13	27	5	3	12	H

第二步，根据最短路线结果和里程节约法的基本原理，计算出各客户之间的节约里程。计算方法是：设 A 和 B 是任意相邻两客户节点，$OA = a$，$OB = b$，$AB = c$，则 A 到 B 节约的里程为：$a + b - c$。例如：A、B 两点的节约里程为 $OA + OB - AB = 5 + 4 - 8 = 1$。按照同样的算法，可求出任意两点间的节约里程值，汇总结果见表 4-5-4。

表 4-5-4 里程节约法（第二步）

	A						
B	1	B					
C	0	1	C				
D	5	8	7	D			
E	0	0	8	3	E		
F	0	0	6	0	18	F	
G	4	0	0	0	4	10	G
H	2	0	8	3	20	24	10	H

第三步，按里程节约法大小顺序进行排列，见表 4-5-5 所示。

表 4-5-5 里程节约法（第三步）

序号	连接点	节约里程	序号	连接点	节约里程
1	FH	24	10	CF	6
2	EH	20	11	AD	5
3	EF	18	12	AG	4
4	FG	10	12	EG	4
4	GH	10	14	DE	3

续表

序号	连接点	节约里程	序号	连接点	节约里程
6	BD	8	14	DH	3
6	CE	8	16	AH	2
6	CH	8	17	AB	1
9	CD	7	17	BC	1

第四步，按节约里程排列顺序表，组合成配送路线图。

①初始方案。从配送中心分别向各节点进行配送，共有 8 条送货路线，行驶总里程为 148 千米，需额定载重量为 2 吨的货车 7 辆，额定载重量为 4 吨的货车 1 辆，如图 4－5－9 所示。

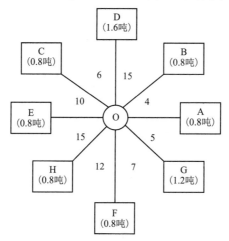

图 4－5－9　里程节约法计算第四步（初始方案）

②二次解。按节约里程的大小顺序，连接 FH、EH，同时取消路线 OH，形成巡回路线，如图 4－5－10 所示。这时配送路线共有 6 条，运行总里程为 104 千米，需额定载重量为 2 吨的货车 5 辆，额定载重量为 4 吨的货车 1 辆。规划的送货路线 1，其装载重量为 3.9 吨，行驶总里程为 30 千米。

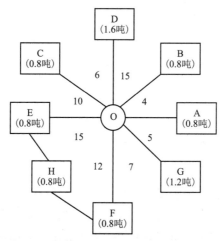

图 4－5－10　里程节约法计算第四步（二次解）

③三次解。按节约里程大小顺序，应该连接 EF、FG、GH，E、F、H 已在路线 1 中，实际可以连接的是 FG，但考虑 G 一旦连接到路线 1 中，则单车载重量将超过车辆最大载重量的限制，因此，送货路线 1 不再增加配送客户。接下来连接 BD，组成送货路线 2，如图 4-5-11 所示。其装载重量为 2.4 吨，行驶里程为 30 千米。此时，共有配送线路 5 条，行驶总里程为 96 千米，需额定重量为 2 吨的货车 3 辆，额定载重量为 4 吨的货车 2 辆。

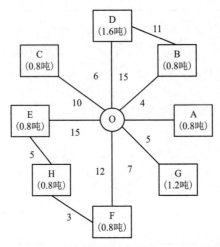

图 4-5-11 里程节约法计算第四步（三次解）

④四次解。下面的节约里程顺序是 CE、CH，但连接后 C 客户就要被并入送货路线 1 中，由于送货路线 1 受车辆最大载重量限制，该路线不能再扩充客户，因此不连接 CE、CH。接下来是 CD，连接 CD 并入送货路线 2 中，并取消路线 OD，此时，送货路线共有 4 条，如图 4-5-12 所示。路线 2 的装载重量为 3.9 吨，行驶里程为 35 千米，总行驶里程为 89 千米，需额定载重量为 2 吨的货车 2 辆，额定载重量为 4 吨的货车 2 辆。

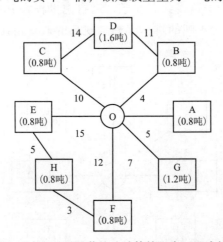

图 4-5-12 里程节约法计算第四步（四次解）

⑤最终解。按节约行程顺序，接下来应该是连接 CF，但 C、F 已分别包含在送货路线 1 或 2 中，不能再组合成新的路线。再下来是 AD，但连接后 A 将被并入路线 2 中，由于送货

路线2受车辆最大载重量及送货路线最长距离（不超过35千米）的限制，因此，该路线不能再扩充客户，故不连接AD。接下来是AG，连接AG后组成路线3，如图4-5-20所示。路线3的装载重量为2吨，行驶总里程为20千米。

此时，图4-5-13即为最终送货方案，共有3条路线，行驶总里程为85千米，需额定载重量为2吨的货车1辆，额定载重量为4吨的货车2辆。

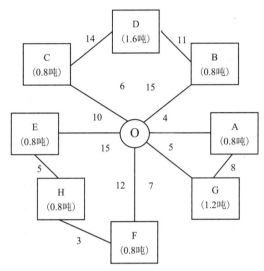

图4-5-13　里程节约法计算第四步（最终解）

送货路线分别为：

路线1：OEHFO，需1辆额定载重量为4吨的货车；

路线2：OBDCO，需1辆额定载重量为4吨的货车；

路线3：OAGO，需1辆额定载重量为2吨的货车。

3. 车辆配载的计算方法

根据送货作业本身的特点，一般采用汽车送货。由于货物的质量、体积及包装形式各异，因此，具体车辆的配载要根据客户要求结合货物及车辆的具体情况综合考虑。多数情况下，主要依靠经验或简单的计算来设计配载方案。

车辆的配载计算要在一定的前提假设条件下来进行，通常假设如下：

（1）车辆容积和载重量的额定限制；

（2）每个客户都有一个确定的送货点，有相应的驾驶时间用以到此送货点或从此送货点到下一个客户的送货点；

（3）每份订单都包括货物的特定数量，每种货物的包装都可以测出长、宽、高；

（4）每种货物的包装不超过公路运输包装件的尺寸界限；

（5）货物的包装材料相同，且遵循配装的原则。

配载过程中由于货物特征千变万化，车辆及客户要求也各有不同，因此，装货人员常常根据以往积累的装货经验来进行配载。采用经验法配载时，也要用简单的数学计算模型来验证装载的货物是否满足车辆在载重量及容积方面的限制。

数学计算模型如下：

$$\max \sum_{i=1}^{n} \qquad (4.1)$$

S.t.
$$\sum_{i=1}^{n} v_i x_i \leq V_{车} \qquad (4.2)$$

$$\sum_{i=1}^{n} w_i x_i \leq W_{车} \qquad (4.3)$$

$$x_i \in \{0, 1\}, \ i = 1, 2, \cdots, n \qquad (4.4)$$

模型中各参数说明如下：

v_i：第 i 个客户货物的总体积；

$V_{车}$：配送车辆的有效容积；

w_i：第 i 个客户的货物的总重量；

$W_{车}$：配装车辆的额定载重量；

n：需送货的客户个数。

式（4.1）表示配载目标函数，即装入尽可能多的客户个数的货物，x_i 代表客户的个数；式（4.2）表示装入货物的总体积不超过车辆的有效容积；式（4.3）表示装入货物的总重量不超过车辆额定载重量；式（4.4）表示变量范围是 0~1，即当 $x_i=1$ 时，表示第 i 个客户的货物装载入车，否则不装载（即该客户的订单上的货物要一次性全部装入，如果不能一次性全部装入则完全不装，等待与下一车次的货物配装）。

除经验法外，在货物种类较少、货物特征明显及客户要求相对简单的情况下，可以尝试用容重配装简单计算法来进行车辆配载。

在车辆装载时，一般容重大（密度大）的货物（如五金类货物）往往装载到车辆最大载重量时，车辆的容积空间剩余还较多；容重小（密度小）的货物（如服装、箱包等）装满车厢时，车辆的最大载重量还没有达到。这两种情况都会造成运力的浪费，因此，采用容重法将两者进行配装是一种常用的配载装车方法。

假设有两种需要运送的货物，A 货物的容重为 R_A，单件体积为 V_A；B 货物的容重为 R_B，单件体积为 V_B；车辆额定载重量为 G，车辆最大容积为 V。考虑到 A、B 两种货物尺寸的组合不能正好填满车辆内部空间及装车后可能存在无法利用的空间，故设定车辆有效容积为 $90\% V$。现在计算配载方案。

在即满载又满容的前提下，设货物 A 装入数为 x，货物 B 装入数为 y，则可得到方程组：

$$xV_A + yV_B = 90\% V$$
$$xR_A + V_A + yR_B V_B = G$$

这个方程组只适用于两种货物的配载，如果配装货物种类较多、车辆种类也较多，可以先从所有待配载的货物中选出体积（或重量）最大和体积（或重量）最小的两种货物进行配载；然后，根据剩余车辆载重与空间，在其他待装货物中再选出体积（或重量）最大和体积（或重量）最小的两种进行配装。依此类推，直至车辆满载或满容。

在实际工作中常常不可能每次都得到最优配载方案，只能先将问题简单化，节约计算时间，简化配装要求，然后逐步优化找到接近于最优方案的可行方案。这样可以加快配载装车速度，通过提高配载的效率来弥补可行方案与最优方案之间的成本差距，体现综合优化的思想。

以上是用经验法结合简单计算进行配载方案设计的方法。解决车辆配载问题，在数据量小的情况下可以用手工计算出来，但当考虑不同客户的具体送货要求、货物的多种特征及送货车辆的限制时，计算将极为庞大，依靠手工计算几乎不可能。因此，需要用数学方法总结出数学模型后，再使用开发出的车辆配载软件将数学模型中的相关参数输入计算机，由软件自动计算出配载方案，并进行图形化模拟。

五、送货车辆管理

1. 送货前检查

由于送货车辆经常变换（常常会向外租赁货车），驾驶人员流动也频繁，因此，为确保送货作业的安全，调度管理人员在送货车辆出发前必须进行例行检查，查验内容如下。

（1）检查机动车驾驶证。

机动车驾驶证是由符合国务院公安部门规定的驾驶许可条件的人，经过驾驶培训班（学校）严格按照国家有关规定，进行道路交通安全法律法规、驾驶技能培训，经公安机关交通管理部门考核合格后，发给其的机动车驾驶的有效合法证件。

《中华人民共和国道路交通安全法》（以下简称《道路交通安全法》）规定：申请机动车驾驶证，应当符合国务院公安部门规定的驾驶许可条件；经考试合格后，由公安机关交通管理部门发给相应类别的机动车驾驶证。驾驶人应当按照驾驶证注明的准驾车型驾驶机动车；驾驶机动车时，应当随身携带机动车驾驶证。

《中华人民共和国机动车驾驶证管理办法》（以下简称《机动车驾驶证管理办法》）规定：准驾车型代号表示的车辆及准予驾驶的其他车辆的代号为：

A 大型客车 B、C、G、H、J、M、Q；

B 大型货车 C、G、H、J、M、Q；

C 小型汽车 G、H、J、Q；

D 三轮摩托车 E、F、L；

E 二轮摩托车；

F 轻便摩托车；

G 大型拖拉机；

H 小型拖拉机；

K 手扶拖拉机；

L 三轮农用运输车；

J 四轮农用运输车 G、H；

M 轮式自行专用机械车；

N 无轨电车；

P 有轨电车；

Q 电瓶车。

《中华人民共和国道路交通安全法实施条例》（以下简称《道路交通安全法实施条例》）规定：机动车驾驶证由国务院公安部门规定式样并监制。机动车驾驶人初次申领机动车驾驶证后的 12 个月为实习期。在实习期内驾驶机动车的,应当在车身后部粘贴或者悬挂统一式样的"实习"标志。机动车驾驶人在实习期内不得驾驶公共汽车、营运客车或者执行任务的警车、消防车、救护车、工程救险车以及载有爆炸物品、易燃易爆化学物品、剧毒或者放射性等危险物品的机动车;驾驶的机动车不得牵引挂车。

(2) 查验机动车行驶证。

机动车行驶证是准予机动车在我国境内道路上行驶的法定证件。车主购买车辆以后,凭购买发票及相关材料到机动车所有人住所地的公安机关交通管理部门交验机动车,申请注册登记,经过公安机关交通管理部门审验合格的,给予办理注册登记,申领机动车号牌、机动车行驶证。机动车行驶证对机动车的车型、颜色、发动机号等基本情况都有详细记录,是机动车上路行驶的合法证件。驾驶员在驾驶机动车时,必须随车携带机动车行驶证。

(3) 查验道路运输证。

道路运输证是原交通部统一制定的经营道路运输的合法凭证,如图 4-5-14 所示。凡在我国境内从事道路运输经营活动和非经营性道路运输的机动车辆,均须持有道路运输证。道路运输证是合法经营的标志,是记录运营车辆审验情况和对经营者奖惩的主要凭证,是考核营运车辆技术、缴费和记录奖惩的主要依据,由车籍所在地的公路运管部门按注册营运车辆数核发,一车一证,随车携带,缴纳运输管理费后全国通行。

图 4-5-14 道路运输证

车主在领取道路运输证后,应按办证顺序,依次将购车费凭证、运输证明、运管费凭证夹附于道路运输证活页(图 4-5-15)中,并随车携带,以备查验。县级以上道路运输管理机构是道路运输证的主管机关,并发放道路运输证。

项目四　电子商务企业配送中心业务操作

图4-5-15　道路运输证活页

道路运输证主证正面是车辆有关的内容，背面是车辆45°彩色照片。为推动道路运输证电子证件工作，道路运输证IC卡和在纸质道路运输证主证中间夹着的电子标签与纸质道路运输证同样有效。从事道路营运性客货运输的驾驶人员应当随车携带道路运输证。

（4）查验运行车辆完好证明。

二级维护卡。二级强制维护是对汽车进行的一次较为彻底的技术维护作业，由维修企业负责执行车辆维护作业。其作业中心内容是除一级维护作业外，以检查、调整转向节、转向摇臂、制动蹄片、悬梁等经过一定时间的使用容易磨损或变形的安全部件为主，并拆检轮胎，进行轮胎换位。二级维护必须按期执行。二级强制维护的作业内容和要求按原交通部颁布的《汽车运输业车辆技术管理规定》执行，按定额标准收费。未经车主允许，不得随意扩大作业范围，增加维护费用。

凡具有二类维护（含二类维护）以上经营资格的汽车修理企业或具有维修能力的不对外经营汽车运输企业，经申请由汽车维修行业管理处审查认定，均可成为承担机动车强制维护作业的厂家。强制维护的车辆竣工后需经汽车维修行业管理处培训的检验员检验，检验合格后在"二级维护卡"上签章。"二级维护卡"由市交通局、市人民保险公司监制，市交通运输管理处向运输车辆发放。二级强制维护实行一车一卡，凡从事运输活动的车辆，需随车携带"二级维护卡"。

被保险人应当在被保险机动车上放置保险标志。保险标志式样全国统一。保险单、保险标志由保监会监制。任何单位或者个人不得伪造、变造或者使用伪造、变造的保险单、保险标志。在中华人民共和国境内道路上行驶的机动车的所有人或者管理人，应当依照《道路交通安全法》的规定投保机动车交通事故责任强制保险。

（5）查验驾驶、押运、装卸人员从业资格证。

《道路运输从业人员管理规定》规定：为加强道路运输从业人员管理，提高道路运输从业人员综合素质，根据《中华人民共和国道路运输条例》（以下简称《道路运输条例》）和《危险化学品安全管理条例》及有关法律法规，对道路运输从业人员实施从业资格管理。从业资格是对道路运输从业人员所从事的特定岗位职业素质的基本评价。经营性道路货物运输驾驶员和道路危险货物运输从业人员必须取得相应从业资格，方可从事相应的道路运输活动。

道路运输从业人员，经设区的市级道路运输管理机构对有关道路货物运输法规、机动车维修和货物及装载保管的基本知识考试合格，发给从业资格证（图4-5-16）。从业资格证表明从业人员具备从业的资质。调度人员要严格审查从业人员的资格证，不得安排无证人员执行运输任务。

图4-5-16　从业资格证

（6）查验车辆是否超限、超载。

运输的货物应当符合货运车辆核定的载重量，载物的长、宽、高不得违反装载要求。禁止货运车辆违反国家有关规定超限、超载运输。不得为无道路运输经营许可证或证照不全者提供服务，不得违反国家有关规定为运输车辆装卸国家禁运、限运的物品；禁止使用货运车辆运输旅客，严格禁止客货混装。

2. 送货作业控制

车辆在送货作业进行过程中，调度管理人员要实时地掌握车辆的运行情况，及时消除其工作中偏离计划要求的不正常现象，才能使已经制定的运输计划顺利完成，因此，必须对汽车在路线上的工作进行有效控制，需要控制的内容主要包括以下几个方面：

（1）监督和指导货物的配载装运过程；

（2）监控车辆按时出车；

（3）监控车辆按时到达装卸货地点；

（4）了解车辆完成计划的情况及不能完成计划的原因，并采取使之恢复正常工作的措施。

3. 行驶作业记录管理

由于送货作业主要是短距离的公路运输，因此，送货车辆的行车作业管理也是送货作业管理的重要内容。尽管人们可以通过建立数学模型优化运输路线，利用计算机管理软件对车辆进行合理的调度、对货物实行有效配装，配送计划可以做得非常周详，但影响货物输送效率与配送服务质量的因素很多，其中不乏许多不可预期的因素。在送货作业的进行过程中，往往会出现因临时的交通状况发生变化、天气变化、行车人员在外不按指令行车或外部驾驶过程中突发安全事故等难以直接控制或不可控因素的影响而导致货物不能如期送达、货物受损等情况，从而使输送成本上升，最终影响配送服务质量与配送效益。因此，送货作业管理必须加强行驶作业记录管理和行车作业人员的考核与管理。

行驶作业记录管理主要有车辆行驶日报表管理方式、行车作业记录卡管理方式和行车记录器的管理方式。

车辆行驶日报表方式是通过行车驾驶人员填写表单来记录送货运输作业过程。利用日报表对送货车辆行驶情况做记录,除了能随时对车辆与驾驶员的品质及负担作评估调整外,也能反映出送货作业计划的效果,为后续作业计划管理提供参考。

填写车辆行驶日报表主要是记录送货车辆行驶里程、驾驶员工作时间、油料使用情况。车辆行驶日报表参考格式见表 4-5-6。

表 4-5-6　车辆行驶日报表

车号			驾驶员姓名						
日期	地点	开车时间	终点	到达时间	行驶时间	行驶里程	主管(经办)签章	备注	
合计:小时　　　分　　　千米									

油料状况					
油料	上次结存/升	加油/升	消耗/升	本次结存/升	备注
车辆使用油料					
发电机使用油料					

六、送达服务与货物交割

当货物送达交货地点后,送货人员应协助客户将货物卸下车,放到指定位置,并与客户指定的收货人员一起清点货物,做好送货完成的签收确认工作。同时,请客户填写送货服务质量跟踪表,见表 4-5-7。如果有退货、调货的要求,则应将退、调商品随车带回,并完成有关单证手续。

表 4-5-7　送货服务质量跟踪表

_____客户:

我公司承担_____货物的配送业务,我们对质量的承诺是:安全准确、文明储运、优质高效、客户至上。为了实现上述承诺,不断改进服务质量,恳请您真实填写以下栏目。

1. 送货车辆车牌号	
2. 送货人员服务态度	好□　　一般□　　差□
3. 送货车辆车况	好□　　一般□　　差□
4. 装卸过程是否粗野	是□　　　　否□
5. 送达货物及送货清单是否与您的订单相符	是□　　　　否□
6. 送货前是否通知您预计送达时间、货物品种、数量、规格等信息	是□　　　　否□
7. 到货是否准时	是□　　　　否□

	续表
8. 货物污染、淋湿、破损情况及程度	
9. 您的其他改进要求	

填表人：　　　　　　　　　　　　　　　　　填表时间：　　　　年　月　日

思考题

1. 什么是配装作业？什么是送货作业？
2. 简述配装作业的方式。
3. 简述路线优化的里程节约法。
4. 简述送达服务与货物交割的过程。

实训 4-5　送货作业实训

实训目标

能够在配送中心现有送货车辆能力及实际送货成本限定的前提下，规划出配送中心往各个客户送货综合成本最低的送货网络路径图。

实训内容

利用里程节约法优化送货作业的最短行驶里程。

环境要求

普通多媒体机房

情景描述

配送中心需要为 10 个门店送货，计划调度员已经算好了每个门店成本最低的线路，由于配送中心车辆有限（拥有额定载重量为 4 吨的车和额定载重量为 2 吨的车各若干辆），请帮助调度员设计合理的送货路线规划图，使总送货成本最低。

如图 4-5-17 所示，O 点为配送中心，A~J 为 10 个门店，括号内是货物质量，单位是千克，线路边上的数字是配送中心送货到各门店的最低成本值。

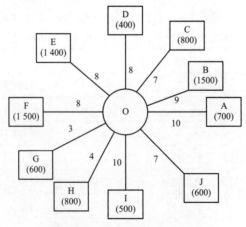

图 4-5-17　送货路线规划图

配送中心到各门店及两门店之间的成本最低线路数值见表4-5-8。

表4-5-8　配送中心到各门店之间的成本最低路线值

	O	A	B	C	D	E	F	G	H	I	J
A	10	A									
B	9	4	B								
C	7	9	5	C							
D	8	14	10	5	D						
E	8	18	14	9	6	E					
F	8	18	17	15	13	7	F				
G	3	13	12	10	11	11	6	G			
H	4	14	13	11	12	12	8	2	H		
I	10	11	15	17	18	18	17	11	9	I	
J	7	4	8	13	15	15	15	10	11	8	J

工作流程

考虑配送中心现有车辆送货能力及车辆单趟送货成本限制，规划出若干条配送中心向多个门店送货的路线，并使各条路线的总成本数最小。

操作步骤

（1）根据给出的最短成本制和里程节约法的基本原理，求解各门店之间的节约里程。

（2）按节约里程数大小顺序进行排列。

（3）按节约里程数量和车辆载重量情况组合成配送路线图。

实训报告

根据实训过程和结果，结合学习的相关理论知识撰写实训报告。报告要求描述实训详细过程，运用了哪些知识，获得了怎样的心得体会等。

任务六　退货作业

任务目标

退货作业是配送中心完成配送活动中，由于配送方或客户方关于配送货物的影响因素存在异议，而进行处理的活动。退货作业的处理关系到配送中心的利益，也关系到与客户关系的维护，配送中心需要通过良好的退货政策，维持客户的满意度；同时，努力减少退货数量，降低经营管理费用，提高营运绩效。

本任务的学习可使学生掌握退货作业的含义，掌握退货产生的原因和处理的原则，能够运用所学习的知识处理客户的退货请求，保障双方的合法权益。

案例引入

逆向物流反击战——飞利浦减少退货的策略

产品的退货现象越来越严重，每年因退货造成的损失高达几千万美元！怎么办？

目前，家电公司的退货现象几乎成为家常便饭，尽管大部分的家电公司都把退货服务看成是推动新的销售渠道及销售额增长所必须付出的成本，但随着退货现象的增加，一个让人不能满意的数据——无缺陷退货率（No Defect Found）也逐渐变得很高。无缺陷退货率在家电产品中占到了70%，PC产品中占到85%，一些种类的小家电更是超过了90%。飞利浦家电公司（以下简称"飞利浦"）的情况就明显反映了这一点：作为一家非常有名的家电公司，其退货率甚至比行业平均退货率还要高。为了运输这些退回来的产品，飞利浦和其零售商都付出了巨大的成本；再加上由这些退货现象衍生出来的索赔、反索赔等问题，飞利浦每年都会因此造成几千万美元的损失。

为了处理退货问题，飞利浦的代理清算公司也费尽了周折，但成效不大。一方面，这些代理清算公司本身存在着财务问题；另一方面，这些公司在飞利浦的二级市场上所能追回的成本也很少。例如，让代理清算公司代为销售的DVD产品，每1美元的损失也只能追回20~30美分。

这个问题将飞利浦逼到了火山口，怎么办？追本溯源：从内部改革上做文章，为了控制退货这项主要的成本产生点，1998年，飞利浦成立了专门的退货管理部门，并任命当时在产品推广部门工作的托尼为部门主管。这个决定是飞利浦的副总裁兼总经理凯恩·戈恩斯作出的，当时曾引起了一些争议，因为大多数人认为，退货问题应该交给信用、财务部门或其他专业的服务公司来管理。凯恩力排众议，他认为，退货是市场销售的逆过程，而且经常是由不恰当的市场销售决策引起的，因此，退货管理部的主管头衔就落到了有着10多年市场销售经验的托尼身上。在当时，这个任命作为一项管理创新，并不被看好。

飞利浦的传统做法是，为了应对因退货产生的运输量的增长，开始设计逆向物流的工作流程，以便更有效率地沿供应链逆向把这些退货送回去。托尼却认为，有效的逆向物流虽然有利于减少损失，但对减少公司在每一个退货流程操作点上丢失的利润却毫无帮助。要减少因退货而产生的成本,退货管理部门必须在减少退货上做文章,在货物进入逆向物流供应链之前,就努力阻止退货现象的发生。

1. 大盘点

真正认识有关退货的各种情况,不仅要知道处理了多少退货,而且还要清楚这些产品是为什么被退回的,那么,造成消费者退货,尤其是无缺陷退货的原因是什么呢?托尼和他的团队对零售商和消费者进行了深入调查并仔细分析公司内部的原因,发现以下几方面问题:

一是零售商无节制的退货政策。托尼等在调查中发现,零售商对三分之二的退货都进行了退款处理。这个数据对飞利浦来说尤其麻烦,因为大部分退货都被作为有缺陷产品而被退回到制造商处,由于退货量上升,运输成本也跟着上涨。其实,出现这个问题的主要原因是零售商没有使用修理商服务的意识;另外,零售商的销售人员没有受到很好的培训,不能让消费者很好地明白产品的性能和好处。还有,零售商制定的退货期限过长也是一个重要原因。

二是消费者的错误习惯。为了弄清楚消费者的退货心理,2001年,飞利浦和一家全国性的大零售商合作,就那些超过退货预算的产品种类在这家零售商的客户中进行了有奖问卷调查。令人感到惊讶的是,居然有超过75%的消费者承认,他们知道其所退回的产品实际上是没有什么质量问题的。在美国,这种现象比在其他国家更加严重。产生这种现象的一个主要原因就是,在零售商这种非常开放、几乎是毫无节制的退货政策的怂恿下,人们逐渐养成了一种把产品"退回去"的习惯;并且大部分的消费者在没有购货发票时仍然得到退款处理的现象,也起到了推波助澜的作用。在销售现场传递的这种错误信息,助长了消费者肆无忌惮的退货风。

三是公司内部的问题。

首先,飞利浦内部没有人员专门致力于退货管理,也没有非常清楚的退货管理规定和程序,因此,公司内部就养成了一种在任何时候都可以让任何人把任何产品退回来的习惯。产品销售人员从来就不清楚由退货所产生的成本有多少,甚至连公司本身也从来就没有对总的退货成本进行过集中的统计。另外,飞利浦从来就没有在公司内部跨部门之间,或与零售商合作推行过任何退货解决方案。

其次,由于各部门缺乏沟通与合作,飞利浦缺乏一种通用退货衡量体系,不但美国和世界其他地区的退货衡量标准不一样,就连飞利浦内部的不同部门也使用不同的IT系统进行测算。公司各部门对按哪个时间段进行测量和如何对退货进行分类,不能达成一致的意见。

再次,产品的包装或者使用说明书也有问题。调查表明,飞利浦公司的产品包装上缺乏透明性,使用说明书不能很好地说明产品如何使用。消费者要在飞利浦公司新推出的一些数字产品上花费太多的时间去弄明白使用问题,如家庭影院、卫星系统、数字摄像机,甚至还有缺少天线插孔的DVD播放机。除了产品的复杂性和技术问题之外,一些产品的硬件制造商和其他的软件或服务提供商之间的配合也存在着问题,使说明书阅读起来非常困难。说明书的缺陷是由硬件、软件双重身份构成的数字网络产品退货率比其他产品高出25%的主要原因,无缺陷退货率更是高出了90%。

另外,还有其他一些问题,如公司对有些产品不能提供上门维修服务,或者是能够提供上门服务的独立服务提供商在逐渐减少等,都进一步加剧了退货现象的发生。

2. 合纵连横:把零售商、服务商拉进战团

托尼和他的团队发现,要减少退货,必须提高公司内外的协调性,加强公司内部和外部的合作。最重要的是让公司高层也充分认识到这一点:公司无法独自解决退货的问题,加强公司与零售商、服务商之间的协作非常有必要。

3. 全程掌握退货信息

在高层管理人员的直接干预下,2001年,飞利浦终于在公司内部建立了一个跨部门的退货管理协作团队和一些相应的退货衡量标准。这个协作团体决定,将有缺陷产品退货和其他原因的退货(如承运商损坏、库存平衡失误以及订单失误等原因造成的退货)区别开来。

飞利浦现在的退货报告都是按照经销商、产品种类和型号分类做出的。为了使退货的各项数据显得更直观和立体一些,这些数据和总的销售额、退货趋向以及整个公司的销售率等数据都体现在一张图表中,这样就很容易看出任何一点退货率的变化。报告还包括退货率和减少退货的目标百分比,这些数据使协作团队的工作目标和成效一目了然。

退货管理部门将这些退货信息向销售、服务、财务和产品部门以及高级管理层进行传达。这些信息按产品型号、部门和经销商分类列出,并同时提出相关的改进措施。为了保持退货报告的连续性,让公司中的任何人,不论在世界上的任何地方,只要能够接触到这些报告,就会看到同样的数据,飞利浦安装了SAP信息系统。这样连贯持续的退货管理报告,让一些主要部门的人员在收到这些报告的同时,也都接受了要相应地减少退货的责任和自己需要努力的目标。例如,产品经理要注意自己负责产品的退货率,销售部门则会注意全部产品的退货率。另外,SAP系统将退货报告细分到型号和经销商的层面,其嵌入式适应功能使得退货管理部门可以出具月度或具体日期的退货报告,这些报告出来之后就提供给财物和物流部门,以便他们做出销售预测和库存计划。

与此同时,飞利浦更加重视与零售商和服务商的紧密合作,共同减少退货现象的发生。

4. 让零售商看到好处

飞利浦采取措施提高产品服务。为了降低产品使用的复杂性,使产品更加容易使用,飞利浦采取了很多措施。

一是公司着手努力改善产品的售后服务,增加了网上服务,并对电话咨询中心的服务进行了改进,如常见问题解答、连线下载以及DVD或其他数字产品的免费升级等。

二是在产品的包装盒内添加"阻止性"说明书。这些说明书都印有大大的"阻止"符号,引导客户在把产品拿回到零售商店里之前,先和制造商联系。这些措施鼓励消费者通过直接接触制造商去解决产品问题。这对退货现象的减少起到很大的帮助。

三是使用初始体验预测表(IEP)。为了提高产品的易用性,2002年,飞利浦加入了"易用圆桌协会(EOU)"。EOU是一个计算机和消费类电子产品行业协会,旨在帮助消费者更好地使用高科技类产品。通过这个协会,飞利浦引进了一种叫作"初始体验预测表(IEP)"的目录工具。IEP是新产品设计团队所使用的一种工具,涉及25个调查问题,可以帮助新产品设计人员预测消费者使用新产品的各种体验。通过这种工具的使用,飞利浦的新

产品在研发阶段,就可以在设计新产品的操作、包装和使用说明时,充分考虑到末端消费者的需求。这个措施非常有利于提高飞利浦产品的易用性,从而减少了电话咨询中心的呼叫次数,提高了消费者的满意度,继而减少了无缺陷产品的退货量。

这些措施带来的好处,也鼓励了零售商积极采用新的方法和技术防止退货,他们为减少退货和逆向物流的流量做出了一些调整。

一是强化退货规定的管理。在最近两年里,零售商们强化执行以前已经存在的一些规定,如Best Buy等。一些零售商现在都把有关的退货规定张贴在商场里非常明显的位置。这些规定都提出了"重新进货费用"的概念,实际上已经有零售商开始收取这些费用了。Target和Kmart等零售商也在强化实施"退货必须携带发票且必须在规定的退货期限内退货"的规定。为了解决退货问题,其他零售商还增加了新的举措,如向消费者提供制造商和本地服务商的联系方法等,并且事先声明并非在各种情况下都接受退货。另外,随着电子类产品更新速度的加快,零售商们也意识到减少退货期限是其减少退货的一个重要措施。

二是改善销售系统。销售商改善销售系统的原因之一,是找出那些反复违反退货规定的人并对他们加以防范。这些新系统可以按客户、信用卡号码甚至产品的序列号对产品进行跟踪,以便于零售商能够确保退回来的产品是客户在自己的商场购买的,并对那些反复退货的人进行跟踪。此外,许多退货柜台的计算机也开始显示产品及其主要部件的照片,以方便店员对退货的辨认。这些系统为零售商提供了强有力的证明材料,使他们可以拒绝那些不合理的或具有欺骗性的退货。其中,SiRAS系统就是应用得比较成功的一个。

5. 让服务商看到利润

在得到零售商支持的同时,飞利浦公司也把服务商"拉拢"进了阻击无缺陷产品退货的统一战线。对于服务商而言,这是一个"双赢"的格局。随着消费类电子产品升级换代不断加快,再加上这类产品的不易维修性,服务商也需要扩大自己的服务范围,以增加营业收入。

因此,服务商很乐意通过对服务网络进行改造,为飞利浦提供一些额外的服务,例如退货产品的试验,为零售商进行程序调试;和飞利浦及其零售商一同,为购买复杂电子产品的客户提供安装服务,如家庭影院系统和大屏幕电视类产品;帮助飞利浦分析某件产品的质量问题,新产品进入市场遭遇失败的原因以及客户在产品操作方面存在的问题等;帮助飞利浦公司实施"当日反馈制",为购买高价产品的消费者及时提供上门服务,预防成本高昂的产品发生退货现象;在得到飞利浦的认可后,提供"以旧换新+保修"服务模式;在有质量问题的产品实际被返回到飞利浦之前,替换的产品已经被运到了服务商那里。通过提供诸如此类的解决方案,服务商就可以变成处理制造商退货的"一站式商店"。并且通过这种服务网络的改造,服务商有能力在退货舞台上扮演一个巡视、废品回收和进行调解的中间商角色,以防止高科技产品沿供应链逆向回到飞利浦公司。

在过去5年中,所有这些减少退货策略的实施,对飞利浦公司来说意义非常重大。在前两年(1999—2000年)的时间里,飞利浦公司有了一个单独的退货管理部门,退货责任也由多个部门负责,但退货率还是高于消费类电子行业的平均水平。接下来的两年(2001—2002年)时间里,飞利浦通过强化实施退货规定等措施,使退货率达到了行业平均水平。

2003年，飞利浦又采取了几项退货管理措施，其退货率已经降到了消费类电子产品的行业标准以下。从1998年开始，飞利浦平均每年减少的退货达50万件，价值超过1亿美元。

从飞利浦的案例中可以看到，如果想改善公司的运营状况，一方面，需要有一个非常优秀的企业领袖去领导大家寻找解决问题的方法；另一方面，在现在高举供应链管理大旗的时代，需要公司内部各部门甚至供应链的上下游各单位通力合作，以解决退货的难题，最终实现降低成本，提高利润的目的。

一、退货作业的含义和作用

1. 退货作业的含义

配送中心在完成配送过程中，会遇到交货中或将货物交给客户后，由于货物包装破损、货物损坏、货物质量、货物保质期快到或已过期、送交的货物与要求的货物不相符等问题，客户要求退货的情况。退货作业是指在完成货物配送活动时，由于配送方或客户方关于配送货物的有关影响因素存在异议，而进行处理的作业。

2. 退货作业的作用

（1）满足客户需要，吸引更多的客户。

退货从表面上看，可能暂时减少配送中心的销售收入，但把退货工作做好，更能使客户对配送中心产生信任感，发现问题会主动向配送中心反馈，寻求配送中心的帮助解决问题，保持长期的友好合作。忠诚的客户还会对周围的人正向宣传配送中心，从而保证了配送中心销售量的上升，保证了配送中心的长远利益。

（2）树立企业形象，增强企业的吸引力和竞争力。

企业形象是指人们通过企业的各种标志（如产品特点、营销策略、员工素质等）而建立起来的对企业的总体印象，是企业文化建设的核心。企业形象是企业的无形资产和宝贵财富，其价值有时可能超过有形资产。配送中心的良好企业形象影响其长远发展，提升企业形象也就是提升企业在市场中的整体竞争力。

（3）降低营销成本，获取更多经济利益。

做好退货工作，可以不断提高客户的忠诚度，有利于降低营销成本，为配送中心获得更多的经济利益。客户的忠诚对竞争对手来说是更高的进入壁垒，有效地保护了配送中心现有的市场份额。从长远的角度考虑，忠诚的客户不仅会继续与配送中心原有的货物合作，更容易提供其他新产品的合作，从而扩大配送中心销售范围，增加销售收入。忠诚的客户是配送中心的宝贵财富，他们对周围相同或相似客户的带动作用，既扩大了配送中心的市场份额，又减少了广告宣传的投入费用，帮助配送中心获取更多的经济利益。

（4）充分利用购入货物，提高资源的利用率。

配送中心购入的货物，最终配送对象无论是生产企业、商业企业还是最终的消费者，都要进入生产消费或者生活消费中，都实现了其使用价值。但退货则是将货物返回配送中心，没有实现其使用价值。配送中心对退回货物的进一步处理：合格的重新入库，可修复的通过返回制造企业修复后再次入库，损坏的进行拆解获取可利用的零部件重复利用。既减少了废弃物的处理成本，还充分利用了资源，提高了资源利用率。

二、退货原因分析和商品退货管理原则

1. 退货原因分析

(1) 依照协议可以退货的情况,如连锁超市与供应商达成协议的代销货物、试销货物、季节性货物等。退货协议如图4-6-1所示。

图4-6-1 退货协议

(2) 搬运中货物损坏。由于包装的原因,货物在搬运过程中发生震动,造成货物损坏或外包装破损等情况,如图4-6-2所示。

图4-6-2 外包装破损的货物

(3) 由于质量问题造成的退货,如货物含量不符合标准、数量不足等。

(4) 货物召回。由于货物在设计、制造过程中存在缺陷,在销售后,由客户或企业自己发现的重大缺陷,必须立即部分或全部召回,这种情况虽然不经常发生,但却是不可避免的。

(5) 货物过期退回。有些货物有保质期限规定,如速食品等,与供应商有协定,有效期一过,就予以退货或换货。尤其在今天客户权益得到保护和客户维权意识日益提高的情况下,过期的货物绝对不可再销售了,过期货物的处理需要花费许多时间、人力和财力,无形中增加了成本,必须做到适量、多次、及时订货,注意按生产时间顺序先进先出。

(6) 货物错送退回。由于货物规格、条码、重量、数量等与订单不符,发生退回(换货)的情况。

2. 退货管理的基本原则

(1) 责任原则。

货物发生退货问题,配送中心首先要界定产生问题的责任人,即是否是配送中心在配送时产生的问题,还是由于客户在使用过程中产生的问题。与此同时,配送中心还要鉴别产生问题的货物是否是由我方送出的,从而明确彼此的责任范围。

(2) 费用原则。

进行货物的退货,会形成逆向物流,消耗企业的人力、物力、财力。配送中心在实施退货时,除由配送中心原因造成的退货外,需要向要求退货的客户加收一定的费用。

(3) 条件原则。

配送中心应当事先决定接受何种程度的退货,或者在什么样的情况下接受退货,并规定具体的时间期限。最好提前在退货协议中明确下来。

(4) 凭证原则。

配送中心应该规定客户以何种凭证作为退货的证明,并说明该凭证得以有效使用的方法。

(5) 计价原则。

退货的计价原则与购物价格不同。配送中心应将退货的计价方法进行说明,一般是取客户购进价与现行价的最低价进行结算。

三、退货作业的内容和流程

为了规范退货作业,配送中心要制定一套符合企业标准流程的退货作业流程,以保证退货作业的顺利进行和规范货物的退换工作。一般配送中心的退货作业流程大体上可以分为几个阶段,分别是接受客户退货阶段、分析责任阶段、退货处理阶段、退货后货物处理阶段。退货作业的内容和流程如图4-6-3所示。

1. 接受客户退货阶段

(1) 受理客户的货物、凭证。

接待客户,并审核客户是否有发票或者购物小票等凭证,购买时间、所购货物是否属于家电或者不可退换的范围。退货申请表如图4-6-4所示。

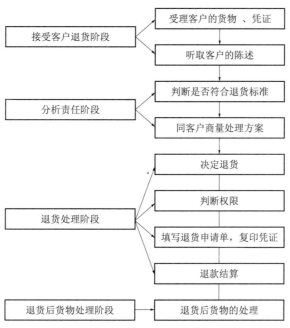

图 4－6－3　退货作业的内容和流程

退货申请表

编号：　　　　　　　　　　　　　　　　　　　　日期：

客户名称：　　　　　　　　　　　　　　　　　　联系电话：

商品名称	规格/型号	批号	单价	金额	生产日期	退货原因
销售代表签字/日期：		销售主管签字/日期：			区域经理签字/日期：	
大区经理签字/日期			销售总监签字/日期			
财务部签字/日期			库管员签字/日期			

图 4－6－4　退货申请表

（2）听取客户陈述。

细心平静地听取客户陈述，判断货物是否存在质量问题。

2. 分析责任阶段

（1）判断是否符合退货标准。

结合国家法律法规、企业政策及客户服务的准则，灵活处理，说服客户达成共识，如不能满足客户的要求而客户坚持自己的看法，需请示上一级主管部门联系处理。

（2）同客户商量处理方案。

提出解决方法，尽量让客户选择换货处理。

3. 退货处理阶段

(1) 决定退货。

双方同意退货。

(2) 判断权限。

退货的金额是否在处理的权限范围内。

(3) 填写退货单,复印凭证。

填写退货单(图4-6-5),并复印客户的发票或者购物小票。

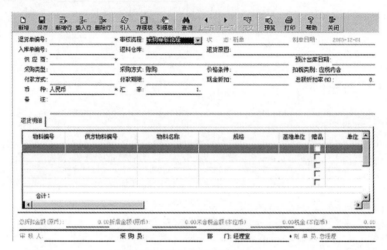

图4-6-5 填写退货单

(4) 退款结算。

在收银机现场退现金或通过其他结算程序退款,并将交易号码填写在退货单上,其中一联与复印的发票或购物小票订在一起备案。

4. 退货后货物处理阶段

将退货货物放在退货区,并将退货单其中一联贴在退货货物上。

思考题

1. 什么是退货作业?
2. 简述退货作业产生的原因。
3. 简述退货管理的原则。
4. 简述退货作业的流程。

实训4-6 退货作业实训

实训目标

能够熟练掌握退货作业的原因及退货处理流程,并熟练进行退货作业。

实训内容

(1) 退货的受理和退货单的填写。

(2) 退货原因分析和是否退货判断。
(3) 退货商谈及退货处理方案制定。
(4) 退货验收和重新入库。
(5) 退货货款结算。
(6) 退货反馈及跟踪处理。

环境要求

多媒体实训室，退货存放处理区，仿真性的各业务与管理数据资料等。

情景描述

以下四份验收单（表4-6-1~表4-6-4）是大华商贸公司各门店进行配送货物验收时所填写的。请根据验收单的内容分别制作退货单，并完成退货作业流程。

表4-6-1 验收单（一）

订单号：20190810100

序号	货物名称	规格	单位	订购数量	包装形式	单价/元	金额/元	验收状况
1	苹果味芬达	24瓶	箱	5	原装纸箱	70	350	多发货1箱
2	娃哈哈纯净水	24瓶	箱	5	原装纸箱	30	150	
3	238g雕牌洗衣皂	36块	箱	4	原装纸箱	100	400	1箱单品破碎
4	清风卷纸	24卷	箱	8	原装纸箱	100	800	
核准：林林		采购：李丽		厂商：门店NO.20			验收人：刘青	

表4-6-2 验收单（二）

订单号：20190810101

序号	货物名称	规格	单位	订购数量	包装形式	单价/元	金额/元	验收状况
1	苹果味芬达	24瓶	箱	4	原装纸箱	70	280	1箱超过保质期
2	娃哈哈纯净水	24瓶	箱	4	原装纸箱	30	120	
3	238g雕牌洗衣皂	36块	箱	4	原装纸箱	100	400	
4	清风卷纸	24卷	箱	8	原装纸箱	100	800	2箱包装有水渍
核准：林林		采购：李丽		厂商：门店NO.21			验收人：刘青	

表4-6-3 验收单（三）

订单号：20190810102

序号	货物名称	规格	单位	订购数量	包装形式	单价/元	金额/元	验收状况
1	苹果味芬达	24瓶	箱	5	原装纸箱	70	350	
2	娃哈哈纯净水	24瓶	箱	3	原装纸箱	30	90	
3	238g雕牌洗衣皂	36块	箱	4	原装纸箱	100	400	

续表

序号	货物名称	规格	单位	订购数量	包装形式	单价/元	金额/元	验收状况
4	清风卷纸	24卷	箱	8	原装纸箱	100	800	1箱包装有水渍
核准：林林		采购：李丽		厂商：门店NO.22			验收人：刘青	

表4-6-4 验收单（四）

订单号：20190810103

序号	货物名称	规格	单位	订购数量	包装形式	单价/元	金额/元	验收状况
1	苹果味芬达	24瓶	箱	5	原装纸箱	70	350	
2	娃哈哈纯净水	24瓶	箱	5	原装纸箱	30	150	
3	238 g雕牌洗衣皂	36块	箱	4	原装纸箱	100	400	1箱包装破损
4	清风卷纸	24卷	箱	8	原装纸箱	100	800	
核准：林林		采购：李丽		厂商：门店NO.23			验收人：刘青	

工作流程

接受客户退货→分析责任→退货处理→退货后货物处理。

操作步骤

（1）接受退货申请，并受理客户的购物凭证。

（2）听取客户退货理由的陈述，并做好详细登记工作。

（3）根据退货规定做出是否退货的判断，并同客户协商处理方案。

（4）决定退货，填写退货单。

（5）重验退货商品，并做好重新入库工作。

（6）进行退款估算和结算。

（7）质量管理部追踪处理，即提交退货原因调查分析和管理改进报告。

实训报告

要求以小组为单位提交一份退货实训项目总结报告，内容包括退货作业所需条件说明、退货申请表设计、退货作业的流程总结、退货控制与评估。

项目五

电子商务企业配送中心运营管理

任务一 配送计划的制定与实施

任务目标

本任务的学习可以使学生理解配送计划的内容,了解影响配送计划制定与实施的因素,并熟悉配送计划的设计程序。

案例引入

3月21日,M配送中心在配送方面通过长期的配送实践活动,最终形成了一个全新的解决方案,针对不同商品在时间和频率方面的不同要求,做出以下配送方案:对于有特殊要求的食品,如冰淇凌,公司会绕过配送中心,由配送车辆早、中、晚三次直接从厂商送到各个店铺;针对一般商品,公司实行的是一日三次的配送制,早上3~7点配送前一天晚上生产的一般食品,早上8~11点配送前一天晚上生产的特殊食品,如牛奶、新鲜蔬菜,下午3~6点配送当天上午生产的食品。这样一日三次的配送频率,既保证商店不缺货,也保证了食品的新鲜度。

配送计划的制定对配送中心的运营有着非常重要的作用。

一、配送计划概述

1. 配送计划的含义

配送计划是指配送企业(配送中心)在一定时间内编制的生产计划,是配送中心生产经营的首要职能和中心环节,是未来配送的行动方案。指标是配送计划的主要内容,任何一个配送计划都应该由一定的指标构成。从大的方面来说,其指标主要有利润指标、成本指标、效率指标和服务指标等;如果按环节来考虑,则主要指标有运输方面的指标、存货方面的指标、分拣方面的指标等。

2. 配送计划的种类

配送中心的配送计划一般包括配送主计划、日配送计划和特殊配送计划。

（1）配送主计划。

配送主计划是指针对未来一定时期内，对已知客户需求进行前期的配送规划，便于对车辆、人员、支出等做出统筹安排，以满足客户的需要。例如，为迎接家电行业每年3~7月的空调销售旺季的到来，配送中心可以提前根据各个客户前一年的销售情况及今年的预测情况，预测今年空调销售旺季的配送需求量，并据此制定空调销售旺季的配送主计划，提前安排车辆、人员等，以保证销售任务的完成。

（2）日配送计划。

日配送计划是指配送中心逐日进行实际配送作业的调度计划，如订单增减、取消、配送任务细分、时间安排、车辆调度等。制定每日配送计划的目的是使配送作业有章可循。与配送主计划相比，配送中心的日配送计划更具体、频繁。

（3）特殊配送计划。

特殊配送计划是指配送中心针对突发事件或者不在主计划规划范围内的配送业务，或者不影响正常性每日配送业务所做的计划。它是配送主计划和每日配送计划的必要补充，如空调在特定商场进行促销活动，则可能会导致短期内配送需求量的突然增加，这都需要制定特殊的配送计划，增强配送业务的柔性，提高服务水平。

3. 配送计划的内容

一份完整的、具有可操作性的配送计划由以下几方面内容组成：

（1）分配地点、数量与配送任务。由于每一个地点配送量的不同，周边环境、自有资源的不同，应有针对性的，综合考虑车辆数量、地点的特征、距离、线路，将配送任务合理分配，使配送业务达到配送路线最短，所用车辆最少，总成本最低，服务水平最高。

（2）确定车辆数量。车辆数量在很大程度上影响配送时效。拥有较多的配送车辆可以同时进行不同线路的配送，提高配送时效性；配送车辆数量不足，往往会造成不断往返装运，造成配送延迟。但是，若数量庞大的车队，则会增加多项费用支出。

（3）确定车队的组成以及车辆组合。配送车队一般应根据配送量、货物特征的自有车辆与外来车辆的比例，可以适应客户需求的变化，并且通过配送路线选择、配送成本分析来进行自有车辆组合。必要时也可考虑通过选用外来车辆组建配送车队。

（4）控制车辆最长行驶里程。应尽量避免由于驾驶员疲劳驾驶而造成的交通隐患，全面保证人员以及货物的安全。优化车辆行驶路线与运送车辆趟次，并将送货地址和车辆行驶路线在地图上标明或在表格中列出。

如何选择配送距离短、配送时间短、配送成本低的线路，需要根据客户的具体位置、沿途的交通情况等做出优先选择和判断。除此之外，还必须考虑有些客户或其所在地点环境对送货时间、车型等方面的特殊要求，如有些客户一般不在上午或晚上收货，有些道路在某高峰期实行特别交通管制等。因此，确定配送批次顺序应与配送线路优化综合起来做考虑。

按客户需要的时间并结合运输距离确定启运提前期。

按客户要求选择送达服务方式。配送计划确定之后，向各配送点下达配送任务。依据计划调度运输车辆、装卸机械及相关作业班组与人员,并指派专人将货物送达时间、品种、规格、数量通知客户,使客户按计划准备好接货工作。

4. 影响配送计划制定的因素

配送计划的制定受以下因素的影响:

(1) 配送对象(即客户)。不同的客户其订货量不同,出货形式也不尽相同,从而影响理货、拣货、配货、配装、包装、送货、服务与信息等作业在人员、设备、工具、效率、时间和成本等方面的不同,因此,配送计划的内容也会不同。

(2) 配送货物种类。配送中心处理的货物品项数,多则几千种甚至上万种,少则数几十种甚至上百种,由于品项数不同,复杂性与困难性也不同。此外,配送中心处理的货物种类不同,其特性也不完全相同。因此,配送部在编制配送计划时,应充分了解所配送货物的种类。

(3) 配送数量或库存量。配送中心的出货数量、库存量或库存周期,不仅影响配送中心的作业能力和设备的配置,也会影响对配送中心空间的需求。

(4) 配送货物价值。配送计划预算或结算时,配送成本的计算往往会按货物的比例进行。若货物的单价高,则其百分比相对会比较低,客户能够负担得起;若货物的单价低,则其百分比相对会比较高,客户会感觉负担较重。

(5) 物流渠道。制定物流配送计划时,公司应根据配送中心在物流渠道中的位置和上下游客户的特点进行规划。

(6) 物流服务水平。衡量物流服务水平的指标主要包括订货交货时间、货物缺货率和增值服务能力等。配送中心应针对客户的需求,制定合理的服务水准,使配送服务与配送成本均衡,实现客户满意。

(7) 物流交货期。物流交货期是指从客户下订单开始,经过订单处理、库存查询、集货、流通加工、分拣、配货、装车、送货后,到达客户手中的这段时间。物流的交货时间依厂商的服务水准不同,可分为 2 小时、12 小时、24 小时、2 天、3 天、7 天等。

二、配送计划的制定

1. 制定配送计划的依据

制定配送计划的主要依据主要包括以下几方面:

(1) 客户订单。一般客户订单对配送货物的品种、规格、数量、送货时间、送达地点、收货方式等都有要求,因此,客户订单是拟订运送计划的最基本的依据。

(2) 客户分布、运输路线、距离。客户分布是指客户的地理位置分布。客户位置离配送据点的距离长短、配送据点到达客户收货地点的路径选择,直接影响输送成本。

(3) 配送货物的体积、形状、重量、性能、运输要求。配送货物的体积、形状、重量、性能、运输要求是决定其运输方式、车辆种类、载重、容积、装卸设备的制约因素。

(4) 运输、装卸条件。运输道路交通状况、运达地点及其作业地理环境、装卸货时间、天气条件等对输送作业的效率也起较大的约束作用。

2. 配送计划的实施步骤

配送计划的实施过程,通常分为 5 个阶段。

（1）下达配送计划。即通知客户和配送点，使客户按计划准备接货，使配送点按计划组织送货。

（2）配送点配货。各配送点按配送计划落实货物和运力，对数量、种类不符合要求的货物，组织进货。

（3）下达配送任务。即配送点向运输部门、仓库、分货包装及财务部门下达配送任务，各部门组织落实任务。

（4）发送。理货部门按要求将各客户所需的各种货物，进行分货、配货、配装，并将送货交接单交驾驶员或随车送货人。

（5）配送。车辆按规定路线将货物送达客户种，客户清点并接收后在回执上签章。配送任务完成后，财务部门进行结算。

三、配送计划的组织实施及应注意的问题

1. 基本配送区域划分

首先对客户所在地的具体位置做系统统计，并将其做区域上的整体划分，再将每一客户分配在相应的基本配送区域之中，以作为配送决策的基本参考。例如，按行政区域或交通条件划分配送区域。

2. 车辆配载

由于配送货物品种、特性差异，为提高送货效率，确保货物品质，在接到客户订单后，应首先对货物分类，决定采取不同的送货方式和使用不同的运输工具，如根据食品、冷冻食品、服装、图书等进行分类配载。然后，根据货物轻重缓急之分，做好车辆的初步配装工作。

3. 暂定配送先后次序

根据客户订单的交货期要求，将送货的先后次序做大致的预定，为后续车辆积载做准备工作，有效保证送货时间，提高运作效率。

4. 车辆安排

车辆安排要解决的问题是安排什么类型、吨位的配送车辆，是使用自用车还是外雇车。首先，要了解有哪些车辆可供调派且符合要求，也就是了解这些车辆的容积和额定载重是否满足要求；其次，分析订单中的货物信息，如重量、数量、体积、装卸要求、包装要求、运输要求等。综合考虑各方面影响因素后，再做出合适的车辆安排。

5. 决定每辆车负责的客户

配送车辆安排好后，每辆车所负责的客户点数也就有了决定。

6. 路线选择

确定了每辆车需负责的客户点后，根据各客户点的位置关联性及交通状况来做送货路线的选择，以最快的速度完成这些客户点的配送。除此之外，对于有些客户或所在环境有其送达时间的限制也要加以考虑，如有些客户不希望中午收货，或是有些道路在高峰时间不准卡车进入等，都必须尽量在选择路线时避开。

7. 确定最终送货顺序

做好车辆的调配工作及配送路线的选择后，根据各车辆的配送路线先后即可确定客户的

配送顺序。

8. 车辆装载方式

确定了客户的配送顺序，接下来就是如何将货品装车，以什么次序上车的问题。原则上，确定了客户的配送顺序先后，只要将货物依"后送达、先上车"的顺序装车即可，但有时为妥善利用空间，可能还要考虑货物的性质（怕振、怕撞、怕湿）、形状、容积及重量等来进行弹性置放。此外，这些货物的装卸方式也有必要依货物的性质、形状等来决定。

配送部在制定计划时应考虑所有可能遇到的问题，以及因这些问题可能造成的延误或损失，并事先向客户说明。切忌打包票式的承诺，以增加公司因不能按时送货所造成的信用损失。流程紧密。配送计划应要求配送车辆在货物出库前到位，同时，要求货物在二次配送前准备就绪，以避免因等待而造成的时间浪费。配送部在制定计划时，应考虑所有可能出现的情况，并准备备用方案以应付突发情况。

案例分析

上海联华生鲜食品加工配送中心

上海联华生鲜食品加工配送中心有限公司（以下简称"公司"）是联华超市股份有限公司的下属公司，于1999年12月在上海市闸北区合资注册成立，注册资本为500万元。主营生鲜食品的加工、配送和贸易，拥有资产总额近3亿元，是具有国内一流水平的现代化的生鲜加工配送企业。公司总占地面积为22 500平方米，包括生产车间、冷库、配送场地、待发库、仓库（地下室）、办公楼等。冷库库存量达8 700吨，共有运输车辆46辆（其中24辆为制冷保温车），以保证商品安全生产和快速流通。联华生鲜食品加工配送中心是我国设备较先进、规模较大的生鲜食品加工配送中心。公司总投资金额为6 000万元，建筑面积为35 000平方米，年生产能力达20 000吨，其中，肉制品15 000吨，生鲜蔬菜、调理半成品3 000吨，西式熟食制品2 000吨，产品结构分为15大类，约1 200种生鲜食品。在生产加工的同时，配送中心还从事水果、冷冻品以及南北货的配送任务。联华生鲜加工食品配送中心的配送范围覆盖联华标超、快客便利、世纪联华、华联吉卖盛、联华电子商务（联华OK网）等2 000余家门店，为企业的快速发展奠定了基础。

连锁经营的利润源重点在物流，物流系统好坏的评判标准主要有两点：物流服务水平和物流成本。联华曾对外界发布过一个引以为豪的数字——联华物流的配送费率（即配送一定价值商品所需的物流配送成本），一直被控制在2%以内，甚至低于沃尔玛4.5%的水平，其配送费率为整个联华的快速发展提供了强有力的保证和支持。

生鲜食品一般是指肉类、水产、果蔬、面包、熟食等商品种类，这些商品是超市最重要的商品经营品种，其分类如下：

按其称重包装属性可分为定量商品、称重商品和散装商品；

按物流类型可分为储存型、中转型、加工型和直送型；

按储存运输属性可分为常温品、低温品和冷冻品。

由于其商品的特殊性，生鲜食品加工配送是物流系统中复杂程度最高、管理最难，同时服务水平也要求最高的。由于生鲜食品大部分需要冷藏，因此，其物流流转周期必须很短，才能节约成本；生鲜商品保值期很短，客户对其色泽等要求很高，所以在物流过程中需要快速流转。两个评判标准在生鲜配送中心通俗的归结起来就是"快"和"准"。

下面介绍联华生鲜配送中心是从如何做到"快"和"准"的。

1. 订单管理

门店的要货订单通过联华数据通信平台，实时传输到生鲜配送中心，在订单上标明各商品的数量和相应的到货日期。生鲜配送中心接收到门店的要货数据后，立即在系统中生成门店要货订单。此时，可对订单进行综合查询，对订单按到货日期进行汇总处理，系统按不同的商品物流类型进行不同的处理。

（1）储存型的商品。系统计算当前的有效库存，比对门店的要货需求以及日均配货量和相应的供应商送货周期自动生成各储存型商品的建议补货订单，采购人员根据此订单和实际的情况做一些修改即可形成正式的供应商订单。

（2）中转型商品。此种商品没有库存，直进直出，系统根据门店的需求汇总按到货日期直接生成供应商的订单。

（3）直送型商品。此类商品不进配送中心，由供应商直接送到各相关需求的门店。系统根据到货日期，分配各门店直送经营的供应商，直接生成供应商直送订单，并通过 EDI 系统直接发送至供应商。

（4）加工型商品。系统按日期汇总门店要货，根据各产成品/半成品的 BOM 表计算物料耗用，比对当前有效的库存，系统生成加工原料的建议订单，生产计划员根据实际需求进行调整，发送采购部生成供应商原料订单。

各种不同的订单在生成完成/或手工创建后，通过系统中的供应商服务系统自动发送给各供应商，时间间隔在 10 分钟内。供应商收到订单后，会立即组织货源，安排生产或做其他的物流计划。

2. 物流计划

在得到门店的订单并汇总后，物流计划部根据第二天的收货、配送和生产任务制定物流计划。计划包括线路计划、人员安排、车辆安排、批次计划、生产计划、配货计划等。

（1）线路计划。根据各线路上门店的订货数量和品种，进行线路的调整，保证运输效率。

公司按照"合理规划、统一标准、经济实用、综合配套"和"优质、高效、低成本"的要求，以物流标准化管理为重点，以注重效率为导向，优化送货线路，提升物流配送水平。

线路优化调度最终实现的目标是：实现物流中心操作流程改造，真正实现访送分离。

线路优化前后比较：以前的操作流程中，车辆的送货清单生成完全是按照访销线路来确定的，很难从整体上优化，提高送货效率；改造后的操作流程在公司的数据处理中心进行处理，充分掌握了每辆送货车、每条送货线路的送货量、往返时间、送货户数、送货里程、油耗等信息，并根据电子排单系统，生成优化后的送货清单，改变了原有按访销线路定送货线路的缺陷，加快了运输效率，减少了不必要的重复运输，因此减少了运输费用。

（2）人员安排。人员安排是指拣货配货人员、加工包装人员、驾驶员及押运人员安排。根据实际上班人员数将订单任务及时分配到位，从而减少不必要的支出，降低配送成本，提高配送效率。

(3) 车辆安排。通过合理安排车辆出车的时间表调配车辆，安排车辆使用数及到场装运时间。如车辆不足，及时向外租用车辆。并根据客户的不同要求和货物不同的特性安排相应车辆，以满足客户个性化的需求和保证货物的质量，从而提高企业的服务水平，也可为公司节省部分费用。

企业对所有配送门店维护送货路线，系统提供自动排车功能；同时，也允许人工调整排车结果，每天的配车时间约1小时即可完成。排车信息通过办公自动化技术，使企业内部人员方便快捷地共享信息，高效地协同工作；改变过去复杂、低效的手工办公方式，实现迅速、全方位的信息采集、信息处理，为企业的管理和决策提供科学的依据。一个企业实现办公自动化的程度也是衡量其实现现代化管理的标准。公布给门店，让门店及时了解到货量、送货时间、车牌、驾驶员等信息。驾驶员出车、回车通过刷卡登记，为驾驶员的考核提供了有效手段。

(4) 批次计划。根据总量和车辆人员情况设定加工和配送的批次，实现循环使用资源，提高效率；在批次计划中，将各线路分别分配到各批次中。

(5) 生产计划。根据批次计划，制定生产计划，将量大的商品分批投料加工，设定各线路的加工顺序，保证配送运输的协调。

(6) 配货计划。联华生鲜配送中心的产品销售网络覆盖联华标超、快客便利、世纪联华、华联吉卖盛、联华电子商务（联华OK网）等2 000余家门店，每天都要处理大量的订单，配送1 000多种货物，如果没有很好的计划，其后果可想而知。

根据批次计划，结合场地及物流设备情况，做好配货安排。例如，针对门店类型的配货限量控制；针对业务类型的配货限量控制（如正常配货、批发配货）；同时，启动标签拣货，而且系统可以实现拣货差错、串位、破损落实到人。

实行提前一天预约锁定库存，最大限度利用库存资源，预安排库存、拣货员等资源，而且是车到后凭行驶证当场配货，解决了因配货场地有限而导致的瓶颈问题；物流计划设定完成后，各部门需按照物流计划安排人员设备等，所有的业务运作都按该计划执行，不得更改。在产生特殊需求时，系统安排新的物流计划，新计划和老计划并行执行，互不影响。物流计划的优与劣，关乎企业是否可以在竞争中站稳脚跟，上海联华生鲜配送中心通过优化物流计划从而实现以下目标：

(1) 进一步降低了物流成本，提高了整体运行效率，以提升物流服务水平，提高客户满意度。

(2) 实现物流资源的优化配置，从而降低资源空闲，以实现利润的最大化。

思考题

上海联华生鲜食品加工配送中心是如何制定物流计划的？

任务二　配送管理信息系统

任务目标

了解配送管理信息系统在物流系统中的地位和作用，掌握配送管理信息系统的基本知识，熟悉配送管理信息系统的基本构成。

本任务可以使学生能够描述物流配送中心管理信息系统基本功能；能够学会选择和评价配送管理信息系统软件。

案例引入

新大陆：电商物流配送信息化解决方案

全民狂欢的购物节引爆剁手党，"买买买"清空购物车，一夜之间配送中心大量订单并发，然而低效、分散、落后的物流配送体系一直是阻碍电商发展的一大"瓶颈"，传统的电商配送管理依赖于纸质记录、计算机录入的方式，出错率高，且送货过程中跟踪监督力度不够，物流信息严重滞后，市场调度能力差，退换货效率低，异常处理不及时，这些因素都严重影响了客户体验和满意度。

1. 新大陆物流配送信息化解决方案

新大陆自动识别公司依托自身的在条码行业的雄厚实力，面对移动互联网电商时代的发展，快速响应市场提供条码识读产品及解决方案。特别针对电商企业中物流配送的特点，量身定制了一套多功能系统，实现了电商模式下物流配送链条的全面覆盖，从客户下单到拣货、发货、下派任务、配送，到货物送达客户手中，再签收上传，整个方案流程都可以在新大陆PT30手持设备上解决，实现了电商企业物流配送管理的信息化，该系统已经在真维斯等多个服装品牌厂商中使用。

消费者在电商平台（天猫、京东等）上下单后，真维斯的管理系统（如ERP）会通过对接电商平台系统而收到订单信息，包括订单号、商品名称、数量、型号、联系人、地址，等等。配送中心的管理员会将全部订单进行分配，例如，前100个订单分配给小王，小王上班后打开新大陆PT30手持设备，用自己的用户名登录，然后进行任务下载，这样不仅节省了传统手抄订单的时间，并且能保证信息的准确无误。

然后，小王打开第一个订单，按照订单信息进行拣货、配货，以前由于工作量大和一时疏忽往往发错号码，客户定单中的衣服是M号，收到的衣服却是L号，现在这种情况再也不会发生了，小王在拣货配货的时候只要扫一下衣服上的条码，新大陆PT30手持设备就知道衣服跟订单是否一致。若信息一致，则新大陆PT30手持设备的屏幕会出现下一步"扫描物流单号"提示。

小王扫描物流单号后，即可与该订单信息进行绑定，这样就能随时查询衣服的物流信息。小王的最后一个流程是把刚才在新大陆PT30手持设备的操作通过无线网络上传到后台，也可以根据实际工作情况批量上传，使后台实时了解配送中心的库存及发货情况等。该系统使实时处理网络订单成为可能。

新大陆为电商企业量身定制的物流配送管理系统，功能包括日常调货、货物调动、盘点核查、收货核查、签收单读入、系统设置、快递单货品分拣、快递单包装核查、快递单发货核查、拍摄拣货等。

2. 新大陆物流配送解决方案的四大法宝

科技改变世界！科技改变生活！让新大陆PT30手持设备为你开启全新的电子商务配送信息化时代吧！新大陆PT30手持设备不仅具备符合人体工程学的外观设计、超长的工作时间、多种通信传输方式等优势，还具备实时采集、自动存储、即时显示、即时反馈、自动处理、自动传输等功能。依托新大陆PT30手持设备，新大陆物流配送解决方案有以下四大法宝：

（1）减少人力成本投入。

大大节约了商品的录入和盘点时间，从而减少了人力成本的投入，获得了更好的收益。

（2）确保订单数据准确、及时。

客户订单准确无误、及时到达配送员手中，并且在配货、拣货、发货、物流快递的全过程中都利用PT30进行条码管理，准确、高效。

（3）电商配送效率大大提升。

有效减少了订单配送过程中信息滞后、大量订单手工录入、准确性差等情况的发生；有效实现仓库、转运及配送过程的全方位管理，提高了电商的配送效率。

（4）便捷处理各种特殊情况。

签收、退换货等特殊情况处理快捷方便，有效提升了客户满意度和商家的形象。

如今，新大陆PT30手持设备不仅成了四方墙内仓储管理的最佳帮手，还可通过扫描出入库进行库房管理，实时掌握库存和产品流动状况，合理下单，杜绝库存积压，利于企业的资金周转等。另外，新大陆PT30手持设备还"承包"了零售的门店管理、食（物）品追溯、经销商管理等多种应用场景。

一、配送管理信息系统概述

电子商务作为一个新兴产业，在互联网和信息技术日渐发达的今天，已经成为推动经济增长和生活水平提升的重要因素。它的出现，为人们的生活带来了极大的便利；同时，简化了企业的业务流程，减少了经营成本，拓宽了收入来源，也方便了合作伙伴之间的沟通。电子商务作为一种全新的革命性数字化商务方式，引领未来经济贸易的发展走向。想要改善整体的商务环境，就必须摒弃现有工业的传统体制，发展将商流、物流、信息流三者有机结合的新型社会化物流配送体系。

在电子商务企业中，高效可靠的物流是影响其发展的决定性因素，是保护其成本优势的保证。在电子商务活动中，物流企业会扮演越来越重要的角色，不仅需要将线上的货物配送到客户手中，还需要从上游制造商按时补充库存，因此，它既充当着生产企业的仓库，又是客户的货物提供者。同时，物流企业作为社会经济链条的组织者和协调者，为社会经济发展提供了全面的物流服务。

电子商务使得物流业达到了一个前所未有的高度，为其发展提供了空前的机遇，因此，现代物流已成为企业的一个重要利润来源，社会认可度也越来越高，其在经济发展和社会进步中发挥的作用也越来越大。

物流被称为企业的"第三利润源泉",如何最大限度地提高这一利润来源是物流行业最关注的问题。物流配送处于整个物流活动的末端,对提升整体经济效益,优化物流过程,改善服务质量,减少物流成本有着重要的作用。因此,若想充分挖掘物流服务潜在的利润,则不可忽视对物流配送的研究。

物流活动中影响物流配送的因素是多方面的,如何制定配送计划、选择配送路径、按时交货、制定配送绩效评价基准、驾驶员工作时间不固定、货物的遗失和损坏等都加大了管理难度。除此之外,还有很多不可控的因素也在对配送过程产生影响,如客户地理位置分布、交通路况、车辆限行制度、配送个性化要求等。在如此复杂的条件下,想要制定科学高效的配送决策,需要完善的物流配送信息系统来支撑。

电商环境下的物流运作需要充足的信息流来保障,管理者通过信息来决定物流的运动方向和运作方式。信息系统是当代物流活动的基础,被称为物流系统的大脑,建立先进的电子商务物流配送系统与需要,首先就要拥有高效的物流配送平台,对货物和车辆信息的及时掌控,可以实现合理的资源配置,提高整体输运效率。若要实现电子商务物流配送系统功能,不能只依托这一个系统,与电子商务企业资源计划、仓储管理等系统的融合也是必不可少的。

信息化在提高效率、规范管理等方面发挥着重要作用。由于信息系统对效率的提升和管理的规范有着重要作用,有超过30%的企业对自己所建的信息系统表示满意。

1. 配送管理信息系统的作用

配送中心作业除了进货、储存、保管、分拣、配货、配装、送货、流通加工等物流功能作业活动外,还包括信息流活动;而系统处理信息流的平台则是配送管理信息系统,为配送中心经营管理政策的制定、产品路线的开发、产品营销政策的制定提供参考。

配送管理信息系统是为了有效解决下述问题而建立的,总的目标是提高客户服务水平,降低物流总成本。

(1) 缩短订单处理周期。

(2) 提高接受订货和发出订货精度。

(3) 接受订货和发出订货更为简便。

(4) 提高仓储作业效率。

(5) 保证库存水平适量。

(6) 提高运输配送效率。

(7) 提高发货、配送准确率。

(8) 调整需求与供给。

2. 配送管理信息系统的功能

(1) 物流作业与日常事务处理。

①标准化管理。负责配送中心管理信息系统涉及的货物编码、代码、人员、货位等基础信息的维护,是信息系统应用的基础。

②订单管理。承担配送中心对外业务的处理,包括受理客户的收、发货请求,配送中心出具的单据的验证、复核、打印与传递。

③合约管理。有关合同、客户档案的管理。

④存储管理。
  • 入库管理:负责处理不同要求、不同形式的入库指令,生成入库单。
  • 在库管理:货物外观质量检验与验收,条码录入与打印,储存区域、货位分配,堆垛、苫盖,在库保管与养护,盘点作业管理。
  • 出库管理:负责处理各种出库方式的出库指令。
⑤车辆调度。按照配送中心出货订单与自有车辆和外雇车辆状况合理安排车辆。
⑥配载。按一定算法将轻重货物指派到对应车辆上以实现较高的车辆利用率。
⑦货物跟踪。货物运输/送货过程中,信息的反馈与发送。可链接 GPS,实现货物跟踪的功能。
⑧到货交接。货物送达客户后交接相关信息的处理。
⑨费用结算。配送业务相关费用的结算、业务单据和报表的打印与传递。
(2) 物流管理与控制。
物流管理与控制是配送管理信息系统的另一个重要功能。配送中心的日常物流事务是极为烦琐、复杂的,如订单跟踪、库存控制、货位指派、流通加工、日程安排、车辆调度等,这一切都要按计划、按步骤进行。信息系统的数据资料可用于概括和总结业务活动的成效,并以此作为监督、控制的重要手段。信息系统产生的综合信息还可为制定生产经营、库存管理和配送系统的计划提供基本依据。
(3) 物流规划和决策支持。
配送管理信息系统的另一个重要特点是具备物流规划和决策支持功能。物流规划和决策支持功能是计算机技术信息技术、人工智能与管理决策相结合的产物,涉及计算机软硬件信息论、人工智能、信息经济学、管理科学、行为科学等多个方面,旨在支持半结构化问题的决策工作,帮助决策者提高管理能力和决策水平。

3. 配送管理信息系统的内容

配送管理信息系统主要解决配送中心订货、库存、采购、发货等一系列信息,即时准确传递任务并收集各种订单,以及关于物流成本、仓库和车辆等物流设施、设备运转等资料帮助物流管理部门有效地管理物流活动。不同的业务环境都有自己独特的管理体系,信息系统必须根据企业具体的组织结构、业务特点、作业流程及系统设计的目标和原则来设计。综合大部分企业配送作业的主要内容和作业流程考虑,配送管理信息系统的主要功能模块包括订单管理系统、采购管理系统、销售管理系统、运输管理系统、财务管理系统,其构架如图5-2-1所示。

图 5-2-1 配送管理信息系统构架

二、采购入库管理信息系统

采购是物流企业管理信息系统资料和实物流程的起点,采购入库管理信息系统的主要目的是有效控制从采购活动的发生，到货物入库可供出货的全过程的货物的数量与状态。采购入库管理子系统的信息流程如图 5-2-2 所示。

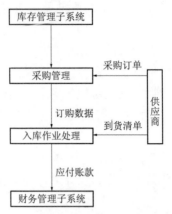

图 5-2-2　采购入库管理子系统的信息流程

根据其流程，采购入库管理子系统包括入库作业管理模块、采购管理模块。各模块的主要功能见表 5-2-1。

表 5-2-1　各模块的主要功能

功能模块	子模块		内容说明
采购入库管理子系统	入库作业管理	预入库信息管理	对入库前与各项准备工作相关的信息（如装卸平台调度、人力资源调度等）进行管理
		入库信息管理	对入库货物明细（如名称、数量、货位等）信息的管理
		货位信息管理	对货物货位登记、货物跟踪、空闲货位分配进行管理
		入库检验	对入库货物质量检验结果的管理
		货位指定	计算入库货物所需货位大小并指定最佳货位
		立即入库	入库后的两种处理方式之一
		上架入库	入库后的两种处理方式之一
	采购管理	采购单管理	对采购明细信息进行管理
		采购预警	列出需要采购的备选货物
		供应商管理	对供货商资料进行维护与分析
		采购单打印	（略）
		采购过程跟催	记录对货物采购入库跟催的信息

三、销售出库管理信息系统

销售出库管理子系统通过销售合同档案建立、发货及开票处理、出库管理及市场信息收集、销售统计、销售分析与市场预测等工作，充分了解市场销售情况，做出及时合理的反应，从而更好地满足用户的需求，进一步促进销售业务的开展，并为物流管理决策提供科学的依据。

销售出库管理子系统应具备的主要功能有以下几个：

（1）建立和维护销售合同档案。建立和维护销售合同档案是该系统的基础性工作。在登录销售订单的同时，系统应能够通过客户管理子系统找到客户的历史购货量、信用度等信息，或将新客户列入客户档案。该系统还应能够进行自动库存分配和合同跟踪，包括外币处理、销售合同价格自动生成与人工维护、可供订货量查询（计算和显示现在或将来可供库存状况）、销售合同跟踪（查询销售合同的执行和明细情况，并按客户类型打印报告）、销售合同档案管理。

（2）发货及开票管理。销售出库管理子系统可根据客户合同、交货期、货物库存情况制定发货计划，根据最终提货单自动制定该提货项目的具体库存位置，并联机打印发货单元和发票。

（3）销售交付货运计划。销售出库管理子系统可根据合同的交货要求和货物的库存状况自动生成商品发货计划，包括货物名称、数量、体积、重量和发货日期。

（4）出库管理。该模块负责完成对不同类型出库指令的实际处理，具体功能包括出库指令受理、拣货排程处理、拣货、记录实发、出库指令查询、出库明细查询等。

（5）销售分析与市场预测。销售出库管理子系统可自动对销售的历史数据进行分类和汇总，进行商品流量和流向分析（包括客户、地区、销售数量等信息），以及对销售周期、季节变动、市场动态和市场趋势进行预测，以便为物流管理决策提供科学的依据。

四、订单处理信息系统

配送中心的运作是以客户订单为核心展开的，订单处理对配送中心至关重要。订单处理是从接到客户订单开始，一直到拣选货物为止的工作，其具体管理流程如图5-2-3所示。

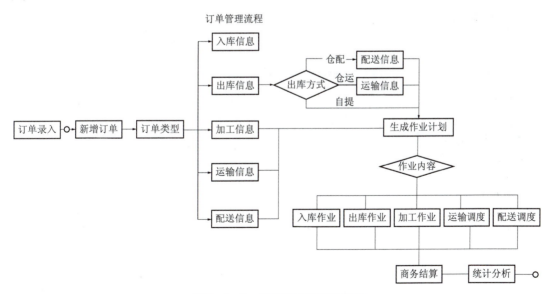

图5-2-3　订单管理的具体流程

订单处理信息系统的基本操作步骤如下。

① 接收与确认订单，如图 5-2-4 所示。

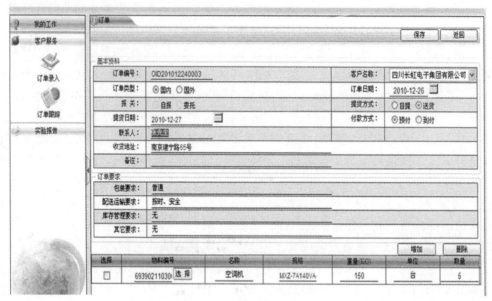

图 5-2-4　接收与确认订单

② 查询存货，如图 5-2-5 所示。

图 5-2-5　查询存货

③录入订单，如图 5-2-6 所示。

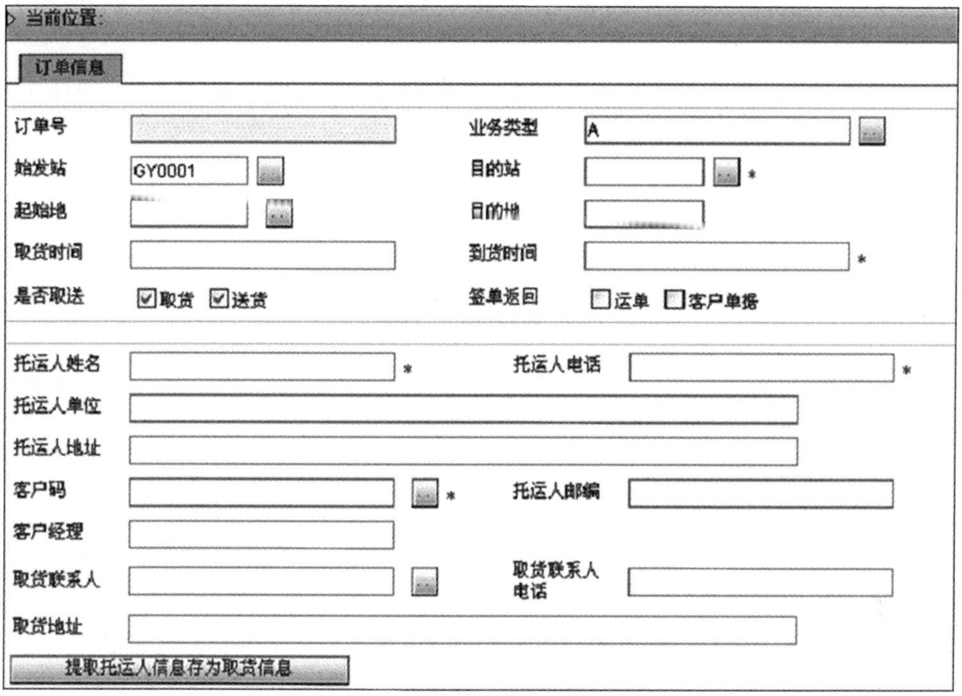

图 5-2-6 录入订单

④生成作业计划，如图 5-2-7 所示。

图 5-2-7 生成作业计划

五、其他管理信息系统

1. 仓储管理信息系统

仓储管理信息系统包括货物的分类分级、库存货物订购、库存跟踪管理、库存控制与盘点,其主要包括的功能有以下几个:

(1) 理货管理。理货管理主要负责货物入库后的货物检验和复核,仓储区、货位的安排及货物在库保管维护、码放、备货、盘点作业相关的信息和流程的管理。具体功能包括货位指定、盘点管理、库存控制等。

(2) 流通加工。该模块负责根据订单内容做出库前准备,通常由流通加工员或理货员使用。

(3) 仓库管理。为完成货物的销售、运输配送,除了事务性的理货、配送作业外,还需要对仓库的硬件设备及内部空间的使用进行有效地规划与管理。

2. 运输管理信息系统

(1) 运输计划管理。根据订单内容,由配送中心管理人员(配送业务人员)根据订单数据将当日预定出货的订单进行汇总,查询当前车辆信息表、车辆调用信息表、客户信息表、地图信息表等,先将客户按其配送地址划分区域,然后统计该区域出货货物的体积与重量,以体积或重量最大化等条件为首选配送条件来分配运输车辆的种类与数量。

(2) 车辆调度管理。车辆调度管理是为了完成对车辆和驾驶员的任务分配,主要包括车辆调度、车辆编号编组、驾驶员配置3个功能。

(3) 配送装车管理。根据配送中心的出库单,生成货物装车明细清单,并投运输保险。

(4) 在途监控管理。中途运输管理环节,主要包括在途监控、事故处理、在途货物装卸3部分内容。

(5) 配送签收管理。运输车辆按派车单要求,将货物运至目的地,收货人核查实际到货数量,确认并签收。签收单是收货人对所到货物的实际情况进行验收记录的单据,同时也是运输人向承运人出示的货物运抵凭据。

思考题

配送信息管理系统由哪些子系统构成?

案例分析

高效合理的联华便利配送中心

随着新趋势的发展,上海连锁商业的竞争蔓延到了便利店。联华便利店发展势头迅猛,以每月新开60家门店的速度急剧扩张。但是,规模的不断扩大也带来了新的问题——传统物流已经不能为公司庞大的便利店销售网络中商品的顺畅流通提供保障。建立现代化物流系统、降低物流成本成为联华便利店在竞争中掌握先机的关键。

联华公司将现有的建筑物改建成便利配送中心,总面积为8 000平方米,建筑物共有4层楼,采用仓库管理系统实现整个配送中心的全计算机控制和管理,以货架形式来保管货品，以自动化流水线来输送，以数字拣选系统（Digital Picking System，DPS）来拣选。这样既导入了先进的物流理念，提升了物流管理水平，又兼顾了联华便利店配送货物价值低、配送中心投资有限的实际情况。为了提高拣选效率，配送中心被分成了 17 个分拣区域，采用托盘货架与流动式货架为主的布局设计。托盘货架保管整箱为单位的货物，流动式货架保管非整箱货物，托盘货架的最下端和流动式货架的外侧都装有数码拣选显示器。在各个区域的起始位置也装有商店号码显示器，拣选时将显示出库单上的商店号码。其主要配送作业有以下几种：

1. 进货入库

进货后，立即由仓库管理系统进行登记处理，生成入库指示单；同时，发出是否能入库的询问信号。接到系统发出的入库指示后，工作人员将货物堆放在空托盘上，并用手持终端对该托盘的号码及进货品种、数量、保质期等数据进行进货登记输入。在入库登记后，工作人员用叉车将货物搬运至入库品运载装置处，然后单击"入库开始"按钮，入库运载装置将货物送上入库输送带。在货物传输过程中，系统将对货物进行称重和检测，输送带侧面安装的条码阅读器对托盘条码确认，计算机将对托盘货物的保管和输送目的地发出指示，由托盘升降机自动传输到所需楼层。当升降机到达指定楼层后，由各层的入库输送带自动搬运货物到入库区，工作人员根据入库输送带侧面设置的条码阅读器，将托盘号码输入计算机，并根据该托盘情况，对照货位情况，发出入库指示，然后，叉车作业者从输送带上取下托盘，并根据手持终端指示的货位号将托盘入库。

2. 笼车出库

当全部区域拣选结束后，装有货物的笼车由笼车升降机送至一层。工作人员将不同门店分散在多台笼车上的货物归总分类，附上交货单，依照送货平台上显示的门店号码将笼车送到等待中的对应运输车辆上。计算机配车系统将根据门店远近，合理安排配车路线。

3. 托盘回收

出货完成后，工作人员将空托盘堆放在各层的空托盘平台上，并返回输送带，然后由垂直升降机将空托盘传送至第一层，并由第一层进货区域的空托盘自动收集机收集起来，随后送到进货区域的平台上堆放整齐。

联华便利店建造的物流配送中心，在实际运作中收到了良好的经济效益和社会效益。原来为联华便利门店配送的江杨配送中心，每天的拆零商品配送能力在 10 000 箱左右，单店商品拆零配置时间约需 4 分钟，由于场地狭小、科技含量低、人力资源浪费，人工分拣的拆零差错率达千分之六，而且每天只能配送 200 多家门店。

联华便利配送中心建成后，以其高效率、低差错率和人性化设计受到各界的好评。配送中心所有操作均由计算机中心的仓库管理系统管理，并将在库信息与公司 ERP 系统连接，使采购、发货有据可依。新物流中心库存商品可达 10 万箱，每天拆零货物可达 3 万箱，商品周转期从原来的 14 天缩短到 3.5 天，库存积压资金大大降低；采用 DPS 方式取代人工拣选，使差错率减少到万分之一，配送时间从 4 分钟/店压缩到 1.5 分钟/店，每天可配送 400 多家门店。配送准确率、门店满意度等都有了大幅提升，同时，还降低了物流成本在整个销售额中所占的比例，从而为联华便利店业态的良好稳定发展奠定了坚实的基础。

思考题

1. 请总结联华便利配送中心的作业流程和作业实际效果。

2. 现代配送与传统的送货有何区别?你从本案中得到的启示是什么?

实训 5-2　信息系统认识实训

实训目标

(1) 了解配送管理信息系统。

(2) 掌握配送管理信息系统的功能模块。

实训内容

(1) 网络搜索免费或试用版配送相关管理信息系统。

(2) 下载安装后,查看配送相关管理信息系统的功能,并绘制功能结构图。

任务三　配送成本控制与绩效分析

案例引入

配送成本拖垮永辉生鲜电商

生鲜零售龙头永辉超市首度"触网"便遭遇波折。北京商报记者获悉，永辉超市旗下生鲜电商网站"半边天"目前已经停止运营，距离上线不足两个月。业界认为，高成本的配送仍是永辉以及超市同行做生鲜电商的一道坎。此前，沃尔玛刚刚通过山姆会员网上商店，冒着配送赔本的风险，在少数城市推出生鲜配送，但就目前的情况看，超市试水电商仍以失败居多。

据了解，永辉超市于2015年3月成立了全国电子商务总部，4月初，生鲜电子商务平台"半边天"正式上线。该网站不出售单品，而是提供生鲜订制套餐。北京商报记者发现，"半边天"的网站界面还略显简单，配送范围、货到付款区域以及购物流程等重要信息依然是空白状态。当时，永辉超市证券代表吴乐峰曾表示，在摸索到能够盈利的模式前，永辉超市在电商方面暂无进展。

不到两个月，北京商报记者再度搜索"半边天"时，网站已经显示为"建设中"。在永辉超市官网，"半边天"的标签已不见踪影，与"全国商场""信息披露""招标公告"处于同一排的是"加入永辉"。据永辉内部人士解释，"半边天"上线只是针对内部会员。

事实上，生鲜是永辉超市的安身立命之本。永辉超市2012年年报显示，生鲜及加工的毛利率达12.95%，在公司毛利中占比达36.2%，但由于生鲜商品存在标准化低、易损耗等特点，对配送的速度和条件要求很高，配送成本也比一般物流高出近三成。目前，除顺丰优选和沃尔玛山姆会员网上商店采用冷链运输外，其他出售生鲜商品的全国综合性网站多采用常温配送方式。

业内人士认为，永辉超市在生鲜上的强项体现在采购和损耗控制上，但这两点仅在实体卖场中有效。涉足线上需要靠资金、物流和运营等多方面的经验，这些都是永辉超市不擅长的。

据北京一家生鲜电商的负责人透露，其曾多次向永辉超市伸出橄榄枝，希望结合永辉超市的生鲜采购优势，以及自身的运营物流优势，共同推动生鲜电商的发展，但永辉超市却不为所动。永辉超市选择"单枪匹马"在电商领域探路，没能延续大卖场创造的成功。

事实上，永辉超市试水电商失败也折射了超市行业触网的困境。2011年，包括华润万家、美廉美和卜蜂莲花等在内的超市企业，拉开了超市进军电商的大幕。不到两年时间，上述企业的线上业务几乎全军覆没。

与之相对应的是，通过轮番的价格战，1号店、京东、中粮我买网等大型电子商务企业对快消品领域并没有"白烧钱"，已经实现了对超市的"虎口夺食"。尝到了甜头的京东升级了商超频道,目前经营的商品超过 5 000 种,涉及特产、纯净水、粮油、调味品、啤酒饮料、牛奶等多个品类。眼睁睁地看着线上市场被"新人"一步步地蚕食,多数超市却显得有些有心无力,只能去挖掘实体卖场的商机。

一、配送成本概述

1. 配送成本的含义

配送是现代物流的一个核心内容,通过配送,物流活动才最终得以实现,但完成配送是要付出代价(即配送成本)的。

配送成本是指在配送过程中所支付的费用总和。根据配送流程及配送环节,配送成本实际上是含配送运输费用、分拣费用、配装及流通加工费用等。

2. 配送成本的构成

物流配送成本主要由以下费用构成:

(1) 配送运输费用。

配送运输费用主要包括车辆费用和营运间接费用。

车辆费用。车辆费用是指从事配送运输生产而发生的各项费用,具体包括驾驶员及助手等工资及福利费、燃料(耗电)、轮胎、修理费、折旧费、养路费、车船使用税等项目。

营运间接费用。营运间接费用是指营运过程中发生的不能直接计入各成本计算对象的经费,包括人员的工资及福利费、办公费、水电费、折旧费等内容,但不包括管理费用。

(2) 分拣费用。

分拣费用主要包括分拣人工费用和分拣设备费用。

分拣人工费用。分拣人工费用是指从事分拣工作的作业人员及有关人员工资、奖金、补贴等费用的总和。

分拣设备费用。分拣设备费用是指分拣机械设备的折旧费用及修理费用。

(3) 配装费用。

配装费用主要包括配装人工费用、配装材料费用和配装辅助费用。

配装人工费用。配装人工费用是指从事包装工作的工人及有关人员的工资、奖金、补贴等费用的总和。

配装材料费用。常见的配装材料有木材、纸、自然纤维和合成纤维、塑料等。这些包装材料因功能不同,成本相差很大。

配装辅助费用。除上述费用外,还有一些辅助性费用,如包装标记、标志的印刷费用,拴挂物费用等。

(4) 流通加工费用。

流通加工费用主要包括流通加工材料费用、流通加工设备费用和流通加工人工费用。

流通加工材料费用。流通加工材料费用是指在流通加工过程中,投入加工过程中的一些材料消耗所需要的费用。

流通加工设备费用。流通加工设备因流通加工形式不同而不同,购置这些设备所支出的费用,以流通加工费用的形式转移到被加工产品中去。

流通加工人工费用。流通加工人工费用是指在流通加工过程中从事加工活动的管理人员、工人及有关人员工资、奖金等费用的总和。

实际应用中，应该根据配送的具体流程归集成本，不同的配送模式，其成本构成差异较大。相同的配送模式下，由于配送货物的性质不同，其成本构成差异也很大。

3. 影响配送成本的因素

配送成本的高低受多种因素的影响，有配送管理因素、配送货物自身的因素，也有货物的数量、重量、体积及作业过程等因素，还市场因素、配送距离及外部其他因素等。

配送管理因素由以下几种组成：

（1）配送满足率。配送满足率是指配送中心的取货量占客户所需要的货物数量的比率。如果配送满足率高，可以一次性、大批量地进行配送；而配送满足率较低，则配送中心就会分次进行配送，对不足的货物还需要花费另外的时间和车辆进行配送，这些额外的工作同样也会增加配送成本，有时还可能因缺货而失去客户。

（2）配送周期。配送持续时间的长短直接影响着配送成本的高低，如果配送效率低下，对配送中心的占用时间长，就会耗用更多的仓储固定成本，而这种成本往往表现为机会成本，使配送中心不能提供其他配送服务或者在其他配送服务上需要另外增加成本。

（3）配送工具。不同的配送工具，其成本高低不同，运输能力大小也不同。运输工具的选择，一方面，取决于所运货物的体积、重量及价值大小；另一方面，又取决于企业对所运货物的需求程度及工艺要求。因此选择运输工具既要保证客户的需求，又要力求配送成本最低。

（4）配送货物的数量、重量。货物数量和重量的增加虽然会使配送作业量增大，但大批量的作业往往使配送效率提高。配送货物的数量和重量是配送企业获得折扣的理由，而单件、小批量的配送不仅不能体现配送的优势，而且由于单位固定成本较高，因此，其配送成本相对也会比较高。

4. 配送货物自身的因素

配送货物自身的因素有：配送货物的价值；配送货物的密度；易碎性、易碎性的货物，在配送时对运输、包装、储存等提出了更高的要求，自然会增加成本；有些货物在配送过程中有特殊要求（如加热、制冷等），这些都会增加配送成本。

5. 市场因素

（1）配送距离。运输成本是构成配送成本的主要内容，距离则是影响运输成本的主要因素。距离越远，也就意味着运输成本越高；同时，造成运输设备需要增加，送货员工需要增加。

（2）外部成本。配送经营时有时还需要使用到配送企业以外的资源，而外部资源的使用成本是企业无法控制的，特别是一些垄断性的外部资源，配送企业在使用的过程中都会增加额外的成本开支。

二、配送成本核算

配送成本核算是多环节的核算，是各配送环节或活动的集成。在实际核算时要明确计算范围及计算对象。为了将配送成本形成易于测量和控制的财务报告，常按功能、物流范围、支付形态进行计算。

配送成本核算方法适用于经营品种较多、管理完善的配送中心,然后,再把每个配送功能的费用汇总,就可得全部配送成本。

1. 按功能计算配送成本

企业物流活动的基本环节大致包括运输、仓储、装卸、搬运、包装、流通加工、配送和信息处理等,这些环节并不是在每条供应链中都能体现出来,但它们是物流行业整体运营过程中必不可少的部分。因此,在这些环节中产生的成本也是物流成本核算的必要组成部分。所以,根据物流功能环节的划分,来核算企业物流成本必然包括以下内容:仓储成本核算、运输成本核算、配送成本核算、物流包装成本核算、装卸搬运成本核算、流通加工成本核算、物流信息成本核算、其他物流成本核算。

2. 按物流范围计算配送成本

组织的生产经营范围一般包括原材料供应、产品生产、产品销售、产品退货、售后服务以及废弃物回收等。每个经营范围都有与之对应的物流成本,现实生活中企业可能只涉足这些生产经营范围的一个领域或几个领域,但归根到底都离不开物流活动,对物流成本的核算也必不可少。物流范围的划分方法就是基于对整个生产一体化的过程产生的,它将生产环节的各个组成部分放在一起,在物流领域也就是物流供应链的体现,只有各个物流环节的完美配合才能达到整个供应链链条的总成本最低、效益最高。

3. 按照支付形态计算配送成本

(1) 材料费:是指因物料消耗而发生的费用,主要包括物资材料费、燃料费、消耗性工具、低值易耗品摊销及其他物料消耗费。

(2) 人工费:是指对配送作业中消耗劳务所支付的费用,主要包括工资、奖金、补贴、福利以及职工教育培训费等。

(3) 维护费:是指土地、建筑物、机械设备、车辆、搬运工具等固定资产的运转和维修保养所发生的费用,它主要包括维修保养费、折旧费、房产税、土地、租赁费用、保险费等。

(4) 一般经费:是指相当于财务会计中的一般管理费,包括差旅费、会议费、交际费、邮电费、城建税、能源建设税及其他税款,还包括商品损耗费、事故处理费及其他杂费等。

(5) 特别经费:是指采用不同于财务会计的计算方法计算出来的配送费用,主要包括按实际使用年限计算的折旧费和企业内利息等。

(6) 对外委托费:是指向企业外支付的运输费、保管费、包装费、出入库装卸费、委托物流加工费。

(7) 其他企业支付费用:是指在配送成本中还应该包括向其他企业支付的费用,如商品购进采用送货制时包含在购买价格中的运费,商品销售采用提货制时因客户自己取货而从销售价格中扣除的运费。在这种情况下,虽然实际上本企业内并未发生配送活动,但却发生了相关费用,因此也应该把其作为配送成本计算在内。

三、配送成本控制

配送成本控制是指在配送过程中,对配送成本形成的各种因素,按照事先拟定的标准严格加以监督,发现偏差就及时采取措施加以纠正,从而使配送过程中各项资源的消耗和费用开支被限制在标准范围之内。

配送成本控制是企业在物流活动中根据物流成本标准,对实际发生的物流成本进行严格审核,发现运营过程中的浪费,进而采取降低物流成本的措施,实现预定的物流成本目标。

进行配送成本核算的最终目的是进行配送成本的控制。对于配送成本的控制一般从以下几个方面进行:

1. 加强配送的计划性

在配送活动中,临时配送、紧急配送或无计划的随时配送,都会大幅度增加配送成本,因为这些配送会降低车辆使用效率。为了加强配送的计划性,需要建立客户的配送计划申报制度。在实践中,应针对商品的特性,制定不同的配送计划和配送制度,如图 5-3-1 所示。

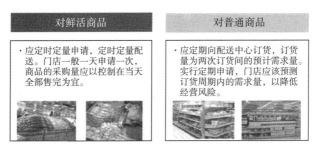

图 5-3-1　不同的配送计划和配送制度

2. 确定合理的配送路线

采用科学的方法确定合理的配送路线,可以有效提高配送效率,降低配送费用。确定配送路线的方法很多,既可以采用方案评价法进行定性分析,也可以采用数学模型进行定量分析。无论采用哪种方法,都必须考虑以下条件:

(1) 满足所有客户对商品品种、规格和数量的要求。

(2) 满足所有客户对货物发到时间的要求。

(3) 在交通管理部门允许通行的时间内送货。

(4) 各配送路线的商品量不得超过车辆容积及载重量。

(5) 在配送中心现有运力及可支配运力的范围之内配送。

3. 进行合理的车辆配载

各客户的需求情况不同,订货也就不同。一次配送的货物可能有多个品种,这些货物不仅包装形态、储运性质不一,而且密度差别较大。密度大的货物往往达到了车辆的载重量,但体积空余很大;密度小的货物虽然达到车辆的最大体积,但达不到载重量。实行轻重配装,既能使车辆满载,又能充分利用车辆的有效体积,大大降低运输费用。

4. 量力而行,建立计算机管理系统

在配送活动中,分拣、配货要占全部劳动的 60%,而且容易发生错误。如果在拣货、配货中运用计算机管理系统,应用条形码技术,就可以使拣货快速、准确,配货简单高效,从而提高生产效率,节省劳动力,降低物流费用。

任务四　电子商务企业配送中心规划与设计

案例引入

1962年,沃尔玛的最早创始人山姆·沃尔顿开设了第一家沃尔玛商场,其配送中心从1970年开始设立,到目前为止,沃尔玛在美国已经设立了30座配送中心,负责将从供应商处大量运达的货物配送至各个分店。配送中心的选址十分重要,它直接关系到成本、运输、采购等多方面的问题。沃尔玛是如何选择配送中心地址的呢?从距离来看,配送中心到所负责的目的地的路程不会超过一天的路程;从位置来看,由于沃尔玛的商店设置不是根据城市的大小来确定的,在一些乡村也有开设,因此它的配送中心一般不会设在城市里;从面积来看,一般都达到11万平方米,将近85%的货物通过配送中心发送。一般一个配送中心负责一定区域范围内的多家门店。

思考题

1. 沃尔玛为什么要在建设配送中心上花费很大的精力?
2. 从沃尔玛配送中心的选址来看,它有哪些好处?

一、配送中心规划与设计概述

物流配送中心是现代物流网络中的物流节点。这一节点不仅执行一般的物流职能,而且越来越多地执行指挥调度、信息处理、作业优化等神经中枢的职能,是整个物流网络的灵魂所在。

配送中心作为配送的中心场所,在配送体系中占据着十分重要的地位。配送中心的合理规划与建设,可以为配送中心创造良好的经营管理条件,使整个系统的物流费用最低、客户服务效果最好,并能节省大量投资,为企业创造经济效益。

1. 配送中心规划的目标

配送中心是以组织、实施商品配送为主要机能的流通型物流节点,其运作模式的主要特点在于它不是从事具体商品生产的社会组织,而是从生产商手中汇集各种商品资源,进行分类、加工、包装、配送等集约化活动。因此,在商品资源分布、需求状况以及运输其他自然条件的影响下,对配送中心不同的规划方案可能使整个物流系统的运作成本产生很大差异。对配送中心的建设,必须有一个整体的规划,就是从时间和空间上,对配送中心的新建、改建和扩建进行全面系统的规划。规划的合理与否,对配送中心的设计、施工与应用,对其作业质量、作业效率、安全性和供应保证,对运营成本和费用等,都将产生直接和深远的影响。

(1) 效益最大化。

创造良好的经济效益和社会效益是配送中心建设与发展的主要原因。因此,效益最大化就成为配送中心规划与建设的首要目标。如果不能满足这个目标,配送中心也就失去了存在的意义。经济效益最大化有两种实现的途径:一是物流服务价格的提高;二是提供物流服务成本的降低。根据"效益背反"原则,这两种途径有时候又存在冲突。因此,在配送中心规划的过程中，企业应该根据自身的发展战略，采取在两种途径中选择一种途径或者两种途径相结合的策略，并根据所采取的策略对影响配送中心规划设计的因素进行分析，合理选择规划方案。社会效益最大化主要表现为配送中心在区域经济发展中的增长及作用，具体表现为对相关产业的推动、城市交通压力的缓解、就业机会的增加等。

（2）服务最优化。

服务最优化是指对客户供货迅速及时，保证不缺货，为客户的随后货物处理提供方便条件，并为客户提供必要的信息服务。为工商企业提供优质高效的物流服务是配送中心利润的源泉。在激烈的市场竞争环境下，上游、下游的物流配送的需求方要求物流配送服务提供者的反应速度越来越快。配送时间越来越短，物流配送速度越来越快，货物周转次数越来越多。规划建设的配送中心必须能够提供适时适量的配送服务，提高配送组织的反应速度，才能获得更多的客户，进而扩大市场占有率。

（3）规范作业、流程自动化。

配送中心的规划必须强调作业流程、作业运作的标准化和程序化，使复杂的作业变成简单的、易于推广与考核的运作。同时，由于计算机技术、网络技术、机械技术以及人工智能的应用，配送中心的技术、设备和管理越来越现代化，运送规格标准、仓储货、货箱排列装卸、搬运等都有标准化作业流程。

（4）管理法制化、经营市场化。

规划建设的配送中心不但在法律制度上健全、规范，而且在具体经营时采用市场机制，无论是企业自己组织物流配送，还是委托社会化物流配送企业承担物流配送任务，都以"服务—成本"的最佳配合为目标。

（5）柔性化、智能化。

配送中心规划要融入新的经营理念和高新科技。柔性化的理念是以客户为中心，根据客户的需求来组织生产，安排物流活动，是一种新型物流模式，它要求配送中心根据需求，"多品种、少批量、多批次、短周期"地实施作业。所谓智能化，是物流系统高层次的应用，是物流作业的运筹和决策，现在常用的技术有物流专家系统、物流预测系统、自动控制和导向系统、运输路径选择系统、自动分拣系统等。

总之，配送中心的目标任务是降低物流成本、提高服务水平、缩短物流周期、增加物流效益，使供货商与客户之间物畅其流、信息快捷，增强物流服务竞争力。

2. 物流配送中心规划与设计的原则

（1）动态原则。在物流配送中心规划时，应在详细分析现状及对未来变化作出预测的基础上进行，在一定范围内能适应数量、客户、成本等多方面的变化。

（2）竞争原则。配送中心的布局应体现多家竞争，对于政府部门进行建设规划尤其重要。

（3）低运费原则物流配送中心必需组织运输与配送活动，因此，运费原则具有特殊性。由于运费和运距、运量有关，所以低运费原则常简化成最短运距和运量的问题，通过数学方法求解以作为配送中心布局的参考。

（4）交通便利原则。物流配送中心的运输配送活动领域在中心之外，这一活动需依赖于交通条件。布局时必需考虑现有的交通条件。

（5）统筹原则。配送中心的层次、数量、布局是与生产力布局、消费布局等密切相关的，是互相交织且互相促进和制约的。规划一个合理的物流配送中心，必须统筹兼顾、全面安排。

3. 配送中心建设规划的基本程序

配送中心建设规划的基本程序如图5-4-1所示。

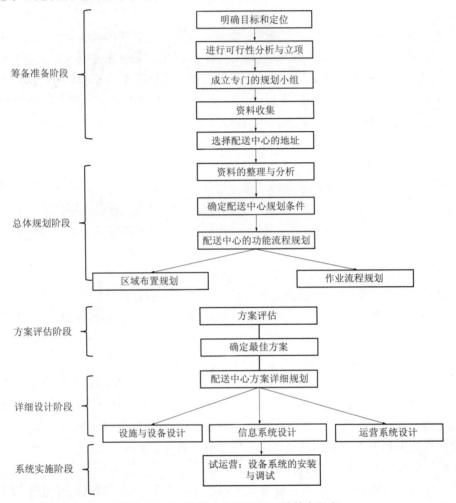

图5-4-1 配送中心建设规划的基本程序

（1）筹划准备阶段。

①组建配送中心规划建设项目组，成员应来自投资方、工程设计部门等。

②明确制定配送中心未来的功能与运营目标，以利于资料收集与规划需求分析。

③收集所处地区的有关发展资料和相关基本建设的政策、规范、标准，还有自然条件资料和交通等协作条件资料。资料收集的目的在于把握现状，掌握市场容量。

基础规划资料的搜集包括以下几方面：

①物流网络。物流网络包括服务据点（转运站、仓库、零售点）、服务水准（交货期、缺货率、送达时间）。

②信息网络。信息网络包括计算机在各物流据点的配置，各层计算机服务范围、联机（On Line）、实时（Read Time）的程度，同时，表明何处没有联机仍使用电传或电话；库存

登录及货品移送在信息网络中的登录程序；接单、紧急配送的频率及处理方式。

③配送工具。配送工具包括配送中心内部所使用的拖板车、堆高机、吊车、货柜、拖车、大货车、小货车等；同时，也应根据个别的路线、地区分析各种配送工具的便利性、确实性、迅速性、安全性、经济性、信赖性等。

④人员配置。人员配置可根据配送中心的组织机构设置确定，对现有人员的职责、教育程度、年龄、性别等应充分掌握。

⑤作业成本。配送中心的成本科目，包括：土地成本——租金、地价税；建筑物——折旧费、保险费、租金；设备与工具——折旧费、租金、保养；其他——水电费、通信费、外包费、人事费、员工交通费等。

⑥投资效率。投资效率为上述土地、建筑物、设备等的利用率，也应充分掌握。

⑦物流量。物流量包括商品的种类、数量、商品特性、装运姿势、装运尺寸、进出货频率、尖峰流量等。

⑧库存。库存包括库存量、库存金额、周转率、库存期限、规则变动、不规则变动、季节变动等。

⑨作业流程与前置时间。这项分析应以"客户的观点来看交货期"为基准，作业流程及其所需时间大概可分为：由订购到供货商交货、上架所需时间；客户下单到拣货完成所需时间；上配送车辆到货品上客户货架所需时间。

（2）总体规划阶段。

将收集到的相关资料进行汇总整理，作为规划设计阶段的依据，包括以下几方面内容：

①货物特性分析。货物特性是货物分类的参考因素，如按货物重量可分为重物区、轻物区；按货物价值可分为贵重货物区及一般物品区等。因此，仓库规划时首先需要对货物进行物品特性分析，以划分不同的储存和作业区域。

②储运单位（PCB）分析。储运单位分析就是考察仓库各个主要作业（进货、拣货、出货）环节的基本储运单位。仓库的储运单位包括 P——托盘、C——箱子和 B——单品，而不同的储运单位，其配备的储存和搬运设备也不同。因此，掌握物流过程中的单位转换相当重要，需要将这些包装单位（P、C、B）进行分析，即所谓的 PCB 分析。

③规划条件设定。对现状资料分析，可以充分了解企业或地区原有仓库网络的弱点，进而设定配送中心的规划条件，包括仓储能力、自动化程度等。

④作业需求功能规划。包括配送中心的作业流程、设备与作业场所的组合等。配送中心的作业包括：入库、仓储、拣取、配货、出货、配送等，有的还有流通加工、贴标签、包装、退货等。在规划时，首先要分析每类物料的作业流程，然后制成作业流程表。

⑤设施需求规划与选用。一个完整的配送中心建设规划中所包含的设施需求相当广泛，可以既包括储运生产作业区的建筑物与设备规划，也包括支持配送中心运作的服务设施规划，以及包括办公室和员工活动场所等场地设施规划。

⑥信息情报系统规划。配送中心管理的特点是信息处理量比较大。配送中心中管理的物品种类繁多，而且由于入库单、出库单、需求单等单据发生量大、关联信息多，查询和统计需求水平很高，管理起来有一定困难。为了避免差错和简化计算机工作，需要统一各种原始单据、账目和报表的格式。程序代码应标准化，软件要统一化，确保软件的可维护性和实用

性。界面尽量简单化，做到实用、方便，满足企业中不同层次员工的需要。

⑦整体布局设计。估算储运作业区、服务设施大小，并依据各区域的关联性来确定各区的摆放位置。例如，作业流程原则（依顺序处理）；整合原则（商品、人、设备间有整体性配合）；弹性的原则（适合高低尖峰、季节的变化及商品的调整的拣货配送作业）；管理容易化的原则（各项作业能目视管理）；作业区域相关分析（依各作业区域间的相互关系，经调查后得到其作业区域相互关系分析图）；物料流程分析（绘制作业区域物料流程形式图与物料流程图）。

(3) 方案评估阶段。

一般的规划过程均会产生多种方案，应由有关部门依原规划的基本方针和基准加以评估，选出最佳方案。

(4) 详细设计阶段。

详细设计阶段的主要任务是在已经选定的建设地址上规划各项设施设备等的实际方位和占地面积。当局部规划的结果改变了以上系统规划的内容时，必须返回前段程序，作出必要的修正后继续进行局部规划设计。

(5) 系统实施阶段。

当各项成本和效益评估完成以后，如果企业决定建设该配送中心，则可以进入计划执行阶段，即配送中心建设阶段。

4. 配送中心规划的内容

配送中心是一个系统工程，其系统规划包括许多方面的内容，主要应从物流系统规划、信息系统规划、运营系统规划3个方面进行。

物流系统规划包括设施布置设计、物流设备规划设计和作业方法设计；信息系统规划也就是对配送中心信息管理与决策支持系统的规划；运营系统规划包括组织机构、人员配备、作业标准和规范等的设计。通过系统规划，实现配送中心的高效化、信息化、标准化和制度化。配送中心规划的基本内容如图5-4-2所示。

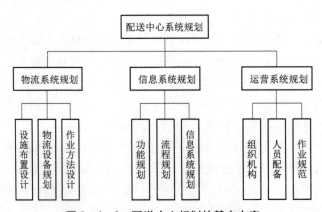

图 5-4-2 配送中心规划的基本内容

二、配送中心区域布置规划

配送中心的作业区域包括物流作业区、外围辅助作业区和行政生活区。物流作业区的工作，如装卸货、入库、订单拣取、出库、出货等，通常具有物流相关性；而外围辅助作业区和管理行政区，如维修间、办公室、计算机室等，则具有业务上的相关性，经作业流程规划后即可针对配送中心的营运特性规划所需作业区域。配送中心的主要作业区域包括进货区、理货区、仓储区、拣选区、流通加工区、集配货区、出货区、办公区、计算机管理监控区、劳务性活动区、维修区等。

1. 配送中心的区域布置方法

配送中心的区域布置方法有两种，即流程性布置法和活动相关性布置法。流程性布置法是根据物流移动路线和物流相关表作为布置的主要依据，适用于物流作业区域的布置；活动相关性布置法是根据各区域的综合相关表进行区域布置，一般用于整个厂区或辅助性区域的布置。在各类作业区域之间可能存在的活动关系如下：

（1）程序上的关系，即建立在物料流和信息流之间的关系，如人员往返接触的程度、文件往返频度等。

（2）组织上的关系，即建立在各部门组织之间的关系。

（3）功能上的关系，即因为区域之间因功能需要而形成的关系，如相同功能的区域尽量紧密布置。

（4）环境上的关系，即考虑到操作环境和安全需要而保持的关系。

2. 配送中心的平面布局

配送中心的内部布置可以用绘图方法直接绘成平面布置图；也可以将各功能区域按面积制成相应的卡片，在配送中心总面积图上进行摆放，以找出合理方案；还可以采用计算机辅助平面区域布置技术进行平面布置。平面布置可以做出几个方案，最后通过综合比较和评价选择一个最佳方案。配送中心内部布置的方法和步骤如下：

（1）配送中心作业区域的布置。

①决定配送中心对外的联外道路型式。确定配送中心联外道路、进出口方位及厂区配置型式。

②决定配送中心厂房空间的范围、大小及长宽比例。

③决定配送中心内由进货到出货的主要物流路线型式。决定其物流模式，如U形、双排形等。

④按物流相关表和物流路线配置各区域位置。首先将面积较大且长宽比例不易变动的区域先置入建筑平面内，如自动仓库、分类输送机等作业区；然后按物流相关表中物流相关强度的大小安排其他区域的布置。

（2）行政活动区域的配置。

一般配送中心行政办公区均采用集中式布置，并与物流仓储区分隔，但也应进行合理的配置。由于目前配送中心仓储区一般采用立体化设备较多，其高度需求与办公区不同，故办公区布置应进一步考虑空间的有效利用，如采用多楼层办公室、单独利用某一楼层、利用进出货区上层的空间等方式。

行政活动区域内的配置方法为：首先选择与各部门活动相关性最高的部门区域先行置入规划范围内，然后按活动相关表，将各部门按照其与已置入区域关系的重要程度依次置入布置范围内。

(3) 确定各种布置组合。

根据物流相关表和活动相关表，探讨各种可能的区域布置组合。

根据以上方法，首先，可以逐步完成各区域的概略配置；其次，再将各区域的面积置入各区相对位置，并进行适当调整，减少区域重叠或空隙，即可得到面积相关配置图；最后，调整部分作业区域的面积或长宽比例，得到作业区域配置图。

三、配送中心仓储系统规划设计

1. 储存原则

在选择储区位置储存货物时，应该遵循一定的原则，其原则有以下几个：

(1) 先入先出原则，即在时间安排上，先入库的货物应优先出库。这一原则是物流配送中心管理的基本原则之一，尤其是对寿命周期短的商品更为重要，如食品、药品等。

(2) 同一性原则，即把同一种货物存放在同一保管储位。

(3) 相关性原则，即相关性大的货物储存于相邻储位。

(4) 类似原则，即把类似货物储存于相距较近的储位。

(5) 兼容性原则，即兼容性低的货品不可以储存在一起，以免影响货品品质，如香烟和茶叶不可储存在一起。

(6) 高周转优先原则，即按货物在仓库中的周转率来安排储位。周转率越高，离出口越近。

(7) 堆高原则，即为了提高物流配送中心的空间利用率，能用托盘堆高的货物尽量用托盘储存。

(8) 面对通道原则，即储存货物应正面对通道，便于识别条形码、查看标记和名称。

(9) 重量特性原则，即按货物重量来指派储位高低。重者置于地面或货架下层，轻者置于货架上层。

(10) 产品特性原则，即易燃易爆物储存于有防火设备的空间，易窃物储于加锁之处，易腐物储于冷冻之处，易污物加套储存等。

2. 储存方法

合理的储存方法可以减少出入库移动距离，缩短作业时间，充分利用储存空间。常见的储存方法有以下几个：

(1) 定位储存。定位储存即每一类货物都有固定的储位。例如，有的货物要求控制温度储存条件；易燃易爆物必须存于一定高度，并满足安全标准及防火条件的储位；按照管理要求某些货物必须分开储存，例化学原料和药品必须分开储存，重要保护货物要有专门的储位等。这种方法易于管理，搬运时间较少，但是需要较多的储存空间，适用于有特殊要求的货物。

(2) 随机储存。所谓随机储存是指每一个货物的储位不是固定的，而是随机产生的。这种方法的优点在于共同使用储位，最大限度地提高了储区空间的利用率，但是，对货物的出入库管理及盘点工作也带来困难。特别是周转率高的货物，可能被置于离出入口较远的储位，增加了出入库的搬运距离。在一个运转良好的储位系统中，采用随机储存能有效地利用货架空间，减少储位。通过模拟实验，随机储存比定位储存节约35%的搬运时间，增加30%的储存空间。这种方法适用于空间有限，货物品种不多的情况。

(3)分类储存。分类储存通常是指按货物相关性、相容性、流动性,以及产品尺寸、重量等特性来分类别指派储位进行的储存。

(4)分类随机储存。分类随机储存即每一类货物有固定的存放储区,但在同类货物的储区中,每个储位的指派是随机的。这种方法的优点在于既可吸收分类储存的长处,又可节约储位空间,提高储区利用率。

(5)共同储存。当确切知道各种货物的出库时间时,使不同货物能够共用相同的储位。当然,共同储存在管理上会带来一定困难,但是却减少了储位空间,缩短了搬运时间,有一定合理性。

3. 仓储区储运能力规划

仓储区储运能力规划方法有:周转率估计法、商品送货频率估计法。

周转率估计法的计算步骤如下:

(1)计算年运转能力。

(2)估算周转次数。

存货周转次数是反映年度内存货平均周转的次数,计算公式为:

$$存货周转次数 = 主营业务成本/平均存货$$

$$平均存货 = (年初存货余额 + 年末存货余额)/2$$

存货周转次数越多,说明存货周转快,企业实现的利润相应增加,说明企业存货管理水平高;存货周转次数越少,说明企业占用在存货上的资金越多,存货管理水平越低。

(3)计算仓容量(仓容量 = 年周转量/周转次数)。

(4)估计保险系数(为适应高峰期的高周转量,一般保险系数为 1.1~1.25)。

(5)计算规划仓容量(规划仓容量 = 年周转量 × 保险系数 ÷ 周转次数)。

商品送货频率估计法计算步骤如下:

(1)估计每年的发货天数。

(2)计算年运转量。

(3)计算发货的平均日储运量(平均日储运量 = 年运转量 ÷ 年发货天数)。

(4)估计送货周期。

(5)计算仓容量(仓容量 = 平均日储运量 × 送货周期)。

(6)估计保险系数。

(7)计算规划规划仓容量(规划仓容量 = 平均日储运量 × 保险系数)。

四、配送中心分拣系统规划设计

分拣区是以单日发货商品所需的拣货作业空间为主,为此主要考虑发货商品的品项数和作业面积。一般拣货区的规划不包括当日所有发货量,当拣货区商品不足时可以由仓库仓储区进行补货。

拣货区能力规划计算的方法有以下几种:

(1)计算各品项年拣货量。首先,要把物流中心、企业资源计划(Enterprise Resource Planning,ERP)系统的进销存数据由信息系统人员导出后,规划人员对数据进行整理,删除无用数据保留关键数据;其次,把各项出库商品换算成相同的拣货单位,一般为箱。最后,计算出各品项年拣货量(=出库量)。

(2)计算各品项的发货天数。根据商品销售出库数据估算出每个商品的发货天数。

(3)估计放宽比。

(4)计算各品项的平均发货天数的拣货量:平均发货天数的拣货量=各品项年拣货量/各品项的年发货天数。

(5)ABC分析。

①分类分级:按发货天数分为高(200天以上)、中(30~200天)、低(30天)三个等级。

②对各物品进行年发货量ABC分析。根据80/20原则分类,70%为A,20%为B,10%为C。

五、配送中心其他作业区域与辅助作业区规划设计

土建部分的建设包括联合工房(卷烟仓库、卷烟分拣工房)、管理用房、公用工程用房、停车场等;物流设备包括仓储设备(货架、堆垛机)、分拣设备、输送设备(叉车、输送带、穿梭车等)、装载工具(托盘、周转箱、笼车)、拆垛码盘设备(拆码盘机、机械手)、自控设备、配送车辆等;公用工程设备包括给排水、供配电、暖通空调、消防安防、综合布线、自控设备等;物流信息化系统包括仓储管理系统(入库、移库、出库、盘点、库位管理)、分拣管理系统(订单处理、配货、补货、条烟打码)、配送管理系统(线路优化、车辆调度)、视频监控系统(仓库视频监控、分拣视频监控、配送视频监控)、综合管理系统等;除此之外,还包括道路、围墙、大门、绿化等。

案例引入

新华物流中心项目规划设计方案

新华书店集团物流中心项目定位为"建设以出版物物流为主业的区域配送型物流企业",通过高度信息化、适度自动化,实现"准确、高效、低成本"的出版物物流配送,以满足企业未来的业务扩展需要。配送中心是要在信息平台的支持下,实现对收货作业、配货作业、拣选作业、入库上架作业、移库作业、盘点作业、退货作业、复核制单作业、打包发运作业以及统计查询等作业的统一管理。

1. 区域布局规划

(1)配送中心作业流程。

配送中心的主要业务流程如下:

①接受并汇总订单。

②进货:订货、验收、分拣、存储。

③理货和配货:加工作业、拣选作业、包装作业、配装作业。

④出货流程:装车、送货。

(2)根据配送中心的作业流程将区域划分为九类。

①进货区:在该区域内完成入库前的全部工作,包括接货、卸货、验货、清点、分类入库等。

②储存区：该区域主要分类存储所有进库的图书，有暂存区与长存区之分。

③理货区：在这个区域里进行分货、拣货、配货作业，为送货做准备。

④配装区：将配好的货暂放暂存等待外运，或根据每个用户货堆状况决定配车方式、配装方式，然后直接装车或运到发货站台装车。这一区域对图书是暂存，时间短、暂存周转快，所以占地面积相对较少。

⑤发货区：在这个地区将准备好的图书装入外运车辆发出。外运发货区结构和接货区类似，有站台、外运线路等设施。

⑥加工区：新华书店物流中心还设置了流通加工区域，在这个区域进行分装、包装、图书并包等各种类型的流通加工。加工区在物流中心所占面积较大。

⑦厂房使用配合作业区：主要包括各区域监控室、数据库房室。

⑧办公事务区：主要包括三级管理人员办公室、值班室、小接待室等。

⑨劳务活动区：该区域存储相关配送中心作业的工具、材料、物品保管、热水间及卫生间等。

（3）位置关系的确定。

位置关系的确定分为物流分析和物流量分析。

①物流分析，即对配送中心各功能区域间的物流量进行分析，用物流强度和物流相关表来表示各功能区域之间的物流关系强弱，确定各区域的物流相关程度。

②物流量分析，即汇总各项物流作业活动从某区域至另一区域的物料流量，填写新华书店物流中心图书流量表，作为分析各区域间图书流量大小的依据。若不同物流作业在各区域之间的图书搬运单位不同，则必须先转换为相同的单位后，再合并计算其物流流量的总和。

根据各区域间物流量的大小，将其分为五个级别，分别用 A、E、I、O、U 表示。其中，A：超大；E：较高；I：一般；O：较小；U：可忽略。从而可以得到各区域物流相关表，见表5-4-1。

表5-4-1 各区域物流相关表

	收货区	储存区	理货区	配装区	发货区	流通加工区	办公区
收货区							
储存区	A						
理货区	I	A					
配装区	U	I	E				
发货区	U	I	A	E			
流通加工区	E	E	I	I	O		
办公区	U	U	U	U	U	U	

配送中心内除了与物流有关的功能区域外，还有许多与物流无关的管理或辅助性的功能区域。这些区域尽管本身没有物流活动，但却与其他区域有密切的业务关系，故还需要对所有区域进行业务活动的相关性分析，确定各区域之间的密切程度。

(4) 配送中心示意图。

本配送中心物流动向总体为 U 形设计，适用于出入口在厂房同侧，可依进出货频率大小安排接近进出口端的储区，缩短拣货搬运路线。配送中心平面示意图如图 5-4-3 所示。

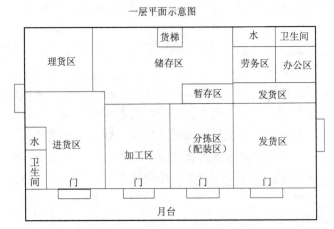

图 5-4-3　配送中心平面示意图

2. 仓储及拣货区的设计

(1) 仓储区设计原则。

首先，要适应储存的作业流程，使物流方向合理、运输距离最短、作业次数最少、仓库利用率高、运输通畅、便于保管。其次，要有利于提高仓库经济效益，因地制宜，减少土方工程量，平面布置与竖向布置相适应，发挥设备效能，合理利用空间。最后，需符合安全、卫生要求，有一定的防火通道，设有防火与防盗设施，符合卫生要求，考虑通风、照明和绿化情况。

(2) 仓储区设计考虑因素。

在设计仓储区空间时，应考虑如下的因素：货物尺寸、数量，托盘尺寸和货架空间，设备型号、尺寸、能力和旋转半径，走廊宽度和位置，柱间距离、建筑尺寸与形式，进出货及搬运位置，补货或服务设施的位置（防火墙、灭火器、排水口等）。总之，不论仓储区如何布置，应先求出存货所占空间大小、货物尺寸及数量、堆放方式、托盘尺寸和货架储位空间。

(3) 物流动线与人流动线。

①直线型：适用于出入口在厂房两侧，作业流程简单、规模较小的物流作业，无论订单大小与检货物项多少，均需通过厂房全程。

②双直线型：适用于出入口在厂房两侧，作业流程相似但有两种不同进出货形态或作业需求的物流作业（如整箱区与零星区、A 客户与 B 客户等）。

③锯齿形（或 S 形）：通常适用于多排并列的库存货架区内。

④分流型：因批量拣取而作分流作业。

⑤集中型。

(4) 拣货方式。

由于图书、音像制品的多品种、小批量的特殊性，故选用 U 形拣货方式，如图 5-4-4 所示。

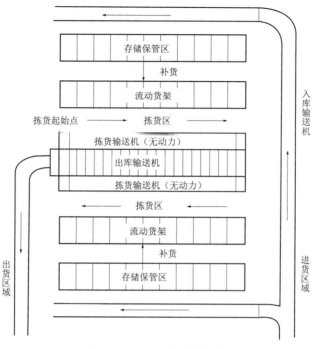

图 5-4-4　U形拣货方式

3. 物流设施设备规划

新型物流配送中心面对的是成千上万的供应厂商和消费者以及瞬息万变竞争激烈的市场，必须配备现代化的物流装备，如计算机网路系统、自动分拣输送系统、自动化仓库、自动旋转货架、自动装卸系统、自动导向系统、自动起重机、商品条码分类系统、输送机等新型高效现代化、自动化的物流配送机械化系统。缺乏高水平的物流装备，建设新型物流配送中心就失去了起码的基本条件。基本物流设备包括托盘、周转箱、仓库笼、辅助拣选设备、叉车、AGV、传送设备、液压平台、滑升门等。

思考题

简述新华物流中心的区域划分。

参考文献

［1］薛威．仓储作业管理［M］．北京：高等教育出版社，2014．
［2］沈从文．配送作业管理［M］．北京：高等教育出版社，2014．
［3］郑丽．仓储与配送管理实务［M］．北京：清华大学出版社，2014．
［4］王小丽．物流信息管理［M］．北京：电子工业出版社，2017．
［5］杨新月．物流信息管理［M］．北京：清华大学出版社，2012．
［6］都国雄．物流信息管理［M］．北京：高等教育出版社，2014．